Max Kauffmann

Immanente Philosophie

erstes Buch - Analyse der Metaphysik

Max Kauffmann

Immanente Philosophie
erstes Buch - Analyse der Metaphysik

ISBN/EAN: 9783744629447

Hergestellt in Europa, USA, Kanada, Australien, Japan

Cover: Foto ©Thomas Meinert / pixelio.de

Weitere Bücher finden Sie auf **www.hansebooks.com**

IMMANENTE PHILOSOPHIE

VON

MAX KAUFFMANN

ERSTES BUCH
ANALYSE DER METAPHYSIK

LEIPZIG

VERLAG VON WILHELM ENGELMANN

1893.

Vorwort.

Als Aufgabe des vorliegenden Buches wird in der Einleitung zu demselben die übersichtliche Schilderung der Wirklichkeit, eine systematische Beschreibung der Welt unter strengstem Ausschlusse aller hypothetischen Ergänzungen des empirischen Geschehens bezeichnet. Hieraus ergibt sich, dass die Begriffe Wirklichkeit, empirisches Geschehen definiert sein müssen, wenn die Aufgabe der immanenten Philosophie beginnt. Eine derartige Propädeutik, welche untersucht, was Wirklichkeit, was Erkenntnis sei, habe ich in einer früheren Schrift »Fundamente der Erkenntnistheorie und Wissenschaftslehre« zu geben gesucht. Die Ausführungen jener Schrift gipfeln in einer Definition des Erkenntnisbegriffes, welche die Möglichkeit metaphysischer Erkenntnisse ausschließt. Sie sucht nachzuweisen, dass unter den Begriff »Erkennbares« ausschließlich die Thatsachen des Bewusstseins fallen, und dass diese identisch sind mit den Thatsachen der empirischen Wirklichkeit. Zu zeigen, dass Kausalität, mathematische und logische Gesetze nichts anderes sind als Beziehungen zur empirischen Wirklichkeit gehöriger Dinge, ist daher ihre wesentlichste Aufgabe. Indem sie dies zeigt, erlangt sie die Fähigkeit, durch eine Kritik der ontologischen Beweise die Hinfälligkeit der Ontologie zu demonstrieren und deutlich zu machen, dass jede Welt ausser der empirischen nicht nur der Beschaffenheit, sondern auch der Existenz nach problematisch ist, und dass die Annahme einer solchen Welt daher von der theoretischen Philosophie verworfen werden muss.

Hauptsächlich durch die Kritik der Ontologie bereitet die frühere Schrift den Boden für das Gebäude der immanenten Philosophie vor, und es ist deshalb zweckmäßig, diese Kritik hier im Auszuge

wiederzugeben, ehe die eigentlichen Untersuchungen des vorliegenden
Buches beginnen.

Zweierlei ist es, dessen sich die Ontologen zur Herleitung und
zum Erweis einer metaphysischen Welt bedient haben: das Kausalgesetz und die Scheinbegriffe.

Der auf das Kausalgesetz gegründete Beweis argumentiert etwa
folgendermaßen:

»Das Kausalgesetz fordert, dass jegliches (nicht uranfängliche)
Ding eine Ursache habe. diese wiederum eine solche, u. s. w. Nun
aber kommt man bei gewissen Kausalreihen zu einem Objekte, zu
welchem eine empirische Ursache nicht gefunden wird; also muss infolge der Ursachsforderung des Kausalgesetzes eine Ursache im Transcendenten, eine metaphysische Ursache vorhanden sein. So werden
uns durch die Kausalität zwar nicht Beschaffenheiten metaphysischer
Dinge bekannt, aber die Existenz solcher Dinge wird uns verbürgt.«

Es ist offenbar, dass der Gang dieses Beweises ein klarer und
richtiger ist. Dass er dennoch sich als ein durchaus hinfälliger
erweist, hat seinen Quell nicht in einem Mangel des Logischen,
sondern in der Irrtümlichkeit der Voraussetzung. In dieser wird
nämlich dem Kausalgesetze eine allgemeine, unbegrenzte, aus dem
Gebiete unseres Bewusstseins hinausreichende Gültigkeit beigelegt.
Eine solche Ausdehnung seiner Gültigkeit ist deshalb unberechtigt,
weil eine erkenntnistheoretische Untersuchung des Kausalgesetzes
zeigt, dass dieses nichts anderes ist als eine Relation von zeitlichen.
also wirklichen Dingen. Indem man ein derartiges Gesetz, welches
aus Beziehungen immanenter Dinge abstrahiert ist, auf ein transcendentes, also auf ein nicht nur der Beschaffenheit, sondern auch
der Existenz nach problematisches Gebiet ausdehnt, macht man sich
eines ganz willkürlichen Analogieschlusses schuldig.

Bekannter und vor allem historisch berühmter als die soeben
behandelte ist die zweite Art ontologischer Beweise, diejenigen aus
leeren Begriffen. welche von Anselmo von Canterbury und von Descartes herstammen. Sie speziell pflegt man zu meinen, wenn man
von ontologischen Beweisen spricht.

Ein derartiger Beweis besteht darin, dass man von irgend einem
Begriffe behauptet. dass ihm seiner Natur nach das Merkmal der
Realität zukäme, und ist hiermit eigentlich erschöpft.

Bei einer Kritik dieser Beweise handelt es sich zunächst darum, festzustellen, welchen Sinn und welche Bedeutung der Begriff Realität hat.

Da der Begriff Realität als der abstrakteste aller Begriffe aufzufassen ist, so muss jedem Dinge das Merkmal dieses Begriffes zukommen. Eine solche Bedeutung des Begriffes Realität kann aber nicht diejenige der Ontologie sein, und zwar deswegen nicht, weil in den ontologischen Beweisen von dem Merkmale »Realität« behauptet wird, dass es nur ganz bestimmten Begriffen, z. B. dem Begriffe »vollkommenstes Wesen« zukäme. Es ist auch leicht, aus den Ausführungen der Ontologen zu ersehen, dass bei ihnen Realität den Sinn von »Ansichsein« habe. Das Prinzip ihrer Beweise wird demnach prägnanter und klarer etwa in folgender Weise zu formulieren sein: »es gibt Begriffe, denen das Merkmal »Ansichsein« zukommt.« Die Existenz solcher Begriffe beweist, dass die in ihnen enthaltenen Dinge eine »Existenz an sich« besitzen. Das Widersinnige einer solchen Behauptung, ihrer Voraussetzungen und ihrer Folgerungen ist leicht zu erkennen. Nur eines an dem ganzen ontologischen Beweise ist richtig, dass nämlich das Merkmal eines Begriffes zugleich Merkmal der in ihm enthaltenen Dinge ist. Der eigentliche Kernpunkt des Irrtums dagegen ist die Willkürlichkeit und Irrtümlichkeit der Behauptung, es existierten Begriffe, welchen das Merkmal des »Daseins an sich« zukäme. Ein Begriff ist eine anschauliche Vorstellung, z. B. ein aus Lauten, Innervationsempfindungen oder Schriftzeichen zusammengesetztes anschauliches Ding, welches als Symbol eine andere anschauliche Thatsache oder eine Mehrheit anschaulicher Thatsachen repräsentiert. Die Eigenschaft, andere anschauliche, empirische Dinge zu repräsentieren, ihr Symbol zu sein, ist das wesentliche Merkmal des Begriffes, ist diejenige Eigenschaft, welche ihn von allen übrigen Dingen unterscheidet. Anschauliche Dinge, welche das Merkmal des »Ansichseins« haben, existieren jedoch nicht und sind nicht möglich. Wenn aber anschauliche Dinge mit einem derartigen Merkmale nicht vorhanden sind, so kann auch ein Begriff, dem dieses Merkmal zukommt, nicht existieren, denn es liegt in dem Wesen eines Begriffes, dass seine Merkmale die nämlichen sind, wie die der in ihm enthaltenen anschaulichen Dinge.

Inhaltsverzeichnis.

Einleitung.

Mit dem Namen »Philosophie« werden gegenwärtig zwei nicht nur voneinander verschiedene, sondern einander konträr entgegengesetzte Wissenschaften bezeichnet. Da aber die Philosophen selbst bis jetzt diese Thatsache nicht berücksichtigt haben, so sind in ihren Werken beide Wissenschaften häufig unentwirrbar, chaotisch vermengt. Von den frühesten Zeiten, in denen die Philosophie allmählich aus der Religion hervorfloss, von den ältesten orientalischen und griechischen Denkern an durch Altertum und Mittelalter hindurch bis in die neuere Zeit war nur die eine dieser beiden Wissenschaften, die synthetische Philosophie oder Metaphysik vorhanden. Sie umschloss in den früheren Stadien der Entwickelung zugleich die Naturwissenschaften, die sich erst später selbständig entfalteten, und sie besaß die innere Berechtigung, sie zu umschließen.

Die reine Erfahrung bietet nichts als eine unermessliche Fülle von einzelnen Thatsachen in mannigfaltigen, bunten Kombinationen. Aber diese Masse ist keine vollkommen chaotische. Man bemerkt, wenn man sie betrachtet, dass Thatsachen einer bestimmten Art mit Thatsachen einer bestimmten anderen Art oft oder immer in gleicher Beziehung stehen, dass sie denselben regelmäßig unmittelbar vorangehen oder folgen oder mit ihnen gleichzeitig auftreten, vielleicht auch in ihrer räumlichen Lage eine immer gleiche Entfernung und Richtung von jenen zeigen; kurz, es finden sich in der ungeheueren Menge der Beziehungen sehr viele einander gleiche oder wenigstens ähnliche vor.

Wenn man nun mit Hilfe der Symbole Thatsachen, die gleiche Merkmale besitzen oder in anderer Weise einander ähnlich sind,

zu Begriffen zusammengefasst hat, so kann man derartige sich oft
wiederholende Beziehungen in der symbolischen Form eines allgemeinen Urteils als eine in der Welt des Wirklichen herrschende
Regel. als ein empirisches Gesetz des Geschehens aussagen. Der
wissenschaftliche Wert, den die Aufstellung derartiger Gesetze hat,
ist ein methodischer, praktischer. Sie ermöglicht es jedem, der das
Gesetz kennt, alle unter dasselbe fallenden und bei der Aufstellung
desselben bereits berücksichtigten Einzelbeziehungen leichter aufzufinden und ihre Übereinstimmung mit anderen unter das gleiche
Gesetz fallenden Relationen einzusehen. Vor allem aber erleichtert
sie mit Hilfe der Generalisation die Entdeckung vorher unbekannter
Thatsachen, da sie in den Stand setzt, aus dem Vorhandensein der
anderen zu schließen.

Je weiter man die Begriffe »Ähnlichkeit« oder »Gleichartigkeit« auffasst, um so allgemeinere Gesetze des Geschehens
können aufgestellt werden, aber der methodische Wert solcher
Gesetze wäre gering, da derselbe in dem gleichen Maße abnimmt,
in dem die Allgemeinheit des Gesetzes wächst; denn das Gesetz-
mäßige der einzelnen Beziehungen, also dasjenige, vermöge dessen
jede von ihnen unter ein gemeinsames, allgemeines Urteil fällt,
wäre ein so geringer Bestandteil jeder einzelnen Beziehung, dass
man, wenn auf Grund des Gesetzes von einem bekannten Gliede
einer Beziehung auf die unbekannten geschlossen würde, letztere
nur durch ein ganz abstraktes, also inhaltsleeres Urteil bestimmen
könnte, ohne irgend etwas von ihren konkreteren Eigenschaften zu
erfahren.

Wie sehr eine solche allgemeine Regel an praktischer Bedeutung hinter weniger allgemeinen zurücksteht, kann man am besten
an einem Beispiele deutlich machen. Kennt man nur das Gesetz.
»jedes durch ein strahlenbrechendes Medium fallende Licht bildet
ein farbiges Spektrum«, so kann man mit Hilfe dieses Gesetzes
beim Anblicke eines Spektrums nicht das Geringste über die Art
der Lichtquelle aussagen. Ist man dagegen mit den verschiedenen
Gesetzen über die Beziehung zwischen den konkreteren Eigenschaften eines Spektrums, also zwischen der Anzahl und bestimmten
Lage seiner Farben, sowie der in ihm enthaltenen dunklen Linien
einerseits und einer ganz bestimmt gearteten Lichtquelle anderseits

bekannt, so ist man beim Anblicke eines einzelnen Spektrums im stande, die Beschaffenheit der dazugehörigen Lichtquelle auf das genaueste anzugeben.

Der einzige Vorteil, den allgemeine Gesetze vor anderen haben, ist der, dass sie den Überblick über weite Gebiete erleichtern; dieser Vorzug ist an und für sich ein bedeutsamer, aber er genügt nicht, ein Gesetz wissenschaftlich wertvoll und fruchtbringend zu machen.

Um nun den Vorzug umfassender Gesetze mit den Vorzügen der engeren zu vereinigen, kann man zur Aufstellung der metaphysischen Hypothesen schreiten. Das Wesen einer solchen Hypothese besteht darin, dass sie zwischen Dingen Beziehungen behauptet, welche in Wirklichkeit gar nicht bestehen, welche aber so beschaffen sind, dass mit ihrer Hilfe in einer Anzahl realer Beziehungen aus bekannten Gliedern unbekannte Glieder mit einigen oder vielen ihrer konkreten Eigenschaften erschlossen werden können.

Derartige metaphysische Hypothesen werden nicht nur von der offiziellen Metaphysik, sondern ebenso von Psychologie und Naturwissenschaften ins Leben gerufen oder verwendet. Der Unterschied zwischen den Hypothesen der Philosophie und denen der Erfahrungswissenschaften ist kein prinzipieller; der Vorzug, der eine Hypothese der sogenannten spekulativen Philosophie vor denen der Naturwissenschaften auszeichnen kann, besteht darin, dass erstere durch den höheren Grad der Abstraktion den Überblick über weitere Gebiete gestattet. Auch dadurch, dass sie auf solchen Gebieten, in welchen erst eine verhältnismäßig geringe Anzahl einzelner Thatsachen bekannt ist, der Forschung eine bestimmte Richtung und Methode geben, sind sie wertvoll, sie bewirken oder beschleunigen dadurch die Auffindung neuer Thatsachen; denn es ist zweifellos, dass Forschungen, welche die Tendenz und das Vorurteil haben, bestimmte Vorgänge oder Dinge aufzufinden, oft zu wichtigeren und zahlreicheren Entdeckungen führen, als völlig vorurteilos unternommene. Aber gerade indem man sein Augenmerk auf diesen Vorzug richtet, wird man zugleich das Gefährliche solcher allgemeinen philosophischen Hypothesen erkennen. Denn mit der höheren Abstraktion verbindet sich leicht eine geringere Berücksichtigung konkreter Thatsachen, und während Tendenz und Voreingenommenheit einerseits der Forschung förderlich sind, tragen sie anderseits die Gefahr in sich, zur Missachtung und Vergewaltigung realer Thatsachen zu verleiten. Diese Gefahr wird von den metaphysischen Hypothesen der Erfahrungswissenschaften, so lange dieselben sich wirklich von rein philosophischen unterscheiden, vermieden. Das, was sie im Gegensatze zu jenen charakterisiert, ist der unbedingte Respekt vor den Einzelthatsachen der Wirklichkeit. Sie gelangen, da sie alles konkrete Material berücksichtigen, nur langsam zu höherer Allgemeinheit, aber überall, wo sie mit den rein philosophischen Hypothesen in Widerspruch geraten, muss man jene als überwunden betrachten. Da nämlich jede metaphysische Hypothese nichts als eine an und für sich leere Verknüpfung realer Thatsachen ist, so besteht das einzige Kriterium für ihre Annehmbarkeit darin, dass kein einziges Faktum der Wirklichkeit ihr widerspricht.

Die Einsicht in das Verhältnis zwischen den Hypothesen der Philosophie und der Erfahrungswissenschaften, die Erkenntnis, dass beide prinzipiell gleichartig, beide metaphysisch sind, ermöglicht es, das geschichtliche Verhältnis, den ursprünglichen Einklang und gegenwärtigen Widerstreit beider Wissenschaften zu begreifen. So lange nur ein geringes Material von Beobachtungen auf den verschiedenen Gebieten der Erfahrung vorlag, und Beobachter und Philosoph in einer Person vereinigt war, so lange konnte die spekulative Philosophie leicht metaphysische Hypothesen aufstellen, ohne dass die einzelnen Thatsachen, die empirische Erforschung der Wirklichkeit ihnen widersprachen. Sobald die Kenntnis des realen Geschehens zunahm, sobald man versuchte, durch konkrete Hypothesen, welche alle einzelnen Thatsachen berücksichtigten, diese Beobachtungen zu verknüpfen, begannen naturgemäß die Erfahrungswissenschaften sich von der *mater philosophia* zu emanzipieren. Anfangs, solange noch das Unerforschte als ein fast unermessliches Gebiet vor den empirischen Wissenschaften lag, solange jede von ihnen innerhalb ihrer engen Grenzen, von den anderen getrennt, sich entwickelte und nur die in ihr kleines Gebiet fallenden Beziehungen zwischen wirklichen Dingen hypothetisch zu verknüpfen suchte, bestanden sie als ein getrenntes Reich menschlicher Forschung neben der spekulativen Philosophie, ohne mit ihr in Widerspruch oder Kampf zu geraten. Als jedoch im Fortgange der Entwickelung die einzelnen Erfahrungswissenschaften sich ausbreiteten und jede die Grenzen der benachbarten erreichte, und als nun statt einer Reihe isolierter Beobachtungsgruppen ein über das ganze Gebiet der Wirklichkeit fast gleichmäßig verteiltes Material von Kenntnissen vorlag, da konnte die empirische Wissenschaft von ihren konkreten sich zu abstrakteren Hypothesen aufschwingen; diese Hypothesen aber, falls ihr Anspruch, auf empirischer Grundlage zu beruhen, berechtigt war, falls sie also allen Thatsachen wirklich gerecht wurden, mussten jedes metaphysische System, welches mit ihnen in Widerspruch stand, zu einem falschen und wissenschaftlich unbrauchbaren stempeln. Da auf diese Weise eine philosophische Hypothese nach der anderen gestürzt wurde und der metaphysischen Philosophie nichts übrig blieb, um ihre Lehrsätze vor dem Widerspruche der Thatsachen und der auf diesen beruhenden Hypothesen der Erfahrungswissenschaften zu bewahren, als denselben einen immer abstrakteren Ausdruck zu geben, verlor dieselbe selbstverständlich fortgesetzt an Ansehen und Bedeutung. Aller konkrete Inhalt war aus ihren Systemen verschwunden, und die Unhaltbarkeit, die alle ihre konkreteren Bestandteile beim Zusammenstoß mit den Ergebnissen empirischer Forschungen gezeigt hatten, gab der Überzeugung, dass auch die abstraktesten Hypothesen der philosophischen Metaphysik durch die Fortentwickelung der empirischen Wissenschaften beseitigt werden würden, Berechtigung. Eine befriedigende Metaphysik kann in Zukunft nur mit Berücksichtigung aller Thatsachen, also auf Grundlage der Erfahrungswissenschaften, durch abstrakte Zusammenfassung der auf ihren verschiedenen Gebieten als unwiderlegt und wissenschaftlich anerkannten Hypothesen geschaffen werden.

Während so in unserer Zeit die Philosophie als metaphysische Disziplin am Abschlusse ihres Daseins steht, und ein allmählicher Kräfteverfall ihr Ende als ein nahe bevorstehendes erkennen lässt, ist die andere, jüngere, ihr konträr entgegengesetzte Wissenschaft, welche gegenwärtig ebenfalls unter den Begriff Philosophie fällt, in lebenskräftigster Entwickelung begriffen. Es ist jene moderne Wissenschaft, welche ich als immanente Philosophie bezeichne, deren erste Anfänge aber den Namen Erkenntnistheorie führen und die. wenn man von dem genialen Satze des Protagoras absieht, erst durch die Schriften Descartes' und vor allen Lookes ins Leben gerufen worden ist, und die ihre bis jetzt vollkommenste Ausbildung in Berkeleys »Theorie des Sehens« und »Prinzipien der Philosophie« gefunden hat.

Der Name Erkenntnistheorie wird, zum Teil durch Verschulden von Kants »Kritik der reinen Vernunft«, bei uns in einem Sinne gebraucht, welcher nicht nur ein ungenügender, bloß für ihre Propädeutik verwendbarer ist, sondern geradezu hemmend auf ihre Entwickelung einwirken musste. Das Problem, ob wir im stande sind zu erkennen, und welches, falls wir es können, die Eigenschaften, die Gegenstände, die Grenzen der Erkenntnis sind, schrumpft. wenn man es scharf ins Auge fasst, zu der Frage zusammen: welches ist die Definition des Begriffes »Erkenntnis«? Eine derartige nur auf Analyse des Erkenntnisbegriffes ausgehende Untersuchung ist ihrer Natur nach dazu verurteilt, wesentliche Teile der immanenten Philosophie *ante portas* zu lassen.

Die immanente Philosophie hat den Beruf, unter strengster Ausschließung aller metaphysischen Bestandteile eine übersichtliche Schilderung der Wirklichkeit zu geben. Infolgedessen hat sie eine doppelte Aufgabe zu erfüllen; sie muss nämlich zunächst durch eine Analyse der wichtigsten abstrakten Begriffe die in ihnen enthaltenen metaphysischen Hypothesen als solche nachweisen, um dadurch allmählich ein Material rein immanenter, nicht durch Beimischung irgendwelcher metaphysischen Bestandteile getrübter abstrakter Begriffe zu erlangen; dann aber muss sie mit Hilfe dieser Begriffe alle Thatsachen der Wirklichkeit durch empirische Gesetze systematisch zusammenfassen. Die »immanente Philosophie« oder »Lehre vom Realen« setzt sich also aus der »Analyse der Metaphysik« und der »Synthese des Realen« zusammen. Sie hat daher nicht, wie die Metaphysik, den Zweck, die Auffindung oder Einordnung wirklicher Thatsachen methodisch zu erleichtern, sondern sie stellt den Zusammenhang der schon gefundenen Thatsachen dar. Nicht auf Kenntnis, sondern auf Erkenntnis ist sie gerichtet. Das abstrakte empirische Gesetz, das sich als methodisch unbrauchbar erwies und deshalb neben den metaphysischen Hypothesen nicht zu bestehen vermochte, kommt hier von neuem, wenn auch zu anderen Zwecken, zur Geltung. Es soll uns, die wir von früh auf eine Unzahl von metaphysischen Hypothesen, zum Teil in der Form scheinbar ganz empirischer Begriffe in uns aufgenommen und zu unserem geistigen Eigentum gemacht haben, den Blick für das Reale, der uns dadurch verloren gegangen ist, zurückgeben, uns durch die Darstellung der reinen Wirklichkeit vom quälenden Zweifel befreien.

Allerdings kann es den empirischen Gesetzen ebenso wie den metaphysischen Hypothesen begegnen, dass irgend eine neu aufgefundene wirkliche Beziehung ihnen widerspricht, jedoch wird bei dem empirischen Gesetze in solchem Falle nur eine falsche Generalisation aufgedeckt und dadurch der Umfang seiner Geltung eingeschränkt. Eine metaphysische Hypothese dagegen wird durch einen ihr widersprechenden Sachverhalt im Gebiete der Wirklichkeit sogleich vollkommen aufgehoben; denn da die von ihr behaupteten Beziehungen in Wirklichkeit gar nicht bestehen, so ist sie nur dann berechtigt, wenn alle durch Ableitung aus ihr für die Wirklichkeit behaupteten Beziehungen durch die Wirklichkeit selbst bestätigt werden. Aus diesem Grunde muss jede metaphysische Hypothese als etwas nicht nur dem Umfange, sondern auch dem Inhalte nach Provisorisches erscheinen. kann also niemals sichere, unumstößliche Wahrheiten enthalten. Ein empirisches Gesetz dagegen, sobald es nur als eine Zusammenstellung bereits vorhandener Thatsachen ausgesprochen wird, enthält eine sichere und unumstößliche Wahrheit. Es ist eine symbolische Urteilsform, welche einen immanenten Inhalt bezeichnet und welche, wenn dieser Inhalt sich mit ihr associiert, den Thatbestand des Erkennens veranlasst.

Diese Verschiedenheit, welche die empirischen Gesetze von den metaphysischen Hypothesen trennt, hat zwei andere, wesentliche Unterschiede zwischen der immanenten Philosophie einerseits, der metaphysischen Philosophie und den Erfahrungswissenschaften anderseits im Gefolge. Der eine derselben ist der, dass mehrere metaphysische Hypothesen, deren jede allen Thatsachen methodisch gerecht wird, nebeneinander bestehen, während nur eine immanente Philosophie dem Anspruche, Wahrheit zu sein, genügen kann, nämlich nur die, deren sämtliche Urteile und Begriffe wirkliche Beziehungen oder Thatsachen repräsentieren. Mit diesem Unterschiede ist der zweite aufs engste verknüpft: »Jedes richtige metaphysische System kann durch ein anderes einfacheres und deshalb methodisch brauchbareres verdrängt werden; das richtige immanente System aber ist nur ein einziges; es kann ausgebaut, ergänzt, mit konkreteren Thatsachen oder Gesetzen in Verbindung gebracht, aber nicht umgestürzt, überwunden, verändert werden, und es hat deshalb, sobald es überhaupt geschaffen worden ist, die Eigentümlichkeit, endgültig zu sein.«

Buch I.

Analyse der Metaphysik.

Kapitel 1.

Raum und Zeit.

§ 1. Raum und Zeit sind die beiden Begriffe, in welchen die allgemeinsten, allen übrigen zu Grunde liegenden metaphysischen Hypothesen enthalten sind; diese Hypothesen offenbaren sich daher in den Definitionen der beiden genannten Begriffe.

§ 2. Das Wort Raum kann sowohl einen Einzelbegriff wie einen Sammelbegriff ausdrücken; drückt es einen Sammelbegriff aus, so fallen unter diesen alle ausgedehnten dreidimensionalen Gebilde; stellt es dagegen einen Einzelbegriff dar, so ist der Gegenstand dieses Begriffes der eine unbegrenzte Raum, in welchem alle übrigen enthalten sind. Die Definition dieses letzteren Begriffes hat, weil derselbe logisch nur ein bestimmter Fall des anderen, also konkreter als jener ist, ein Prädikat mehr als die Definition des zuerst genannten Raumbegriffes; sowohl dasjenige Merkmal, welches dem Begriff des umfassenden Raumes mit dem abstrakteren Raumbegriffe gemeinsam ist, als auch das konkretere, welches ihn von jenem unterscheidet, ist metaphysischer Natur. Die Definition des abstrakteren Raumbegriffes lautet: »ein Raum ist ein dreidimensionales Ding«, die des konkreteren aber »der Raum ist das dreidimensionale in allen Richtungen unendliche Ausgedehnte«.

§ 3. Das ausgedehnte sogenannte Gesichtsbild, welches den Wahrnehmungsinhalt einer beliebigen Gegenwart bildet, ist eine zweidimensionale farbige Fläche. —

Dadurch, dass verschiedene Farben auf ihr gesondert nebeneinander bestehen, zerfällt sie in verschiedene einander begren-
zende Teile; alle diese Teile gehören notwendig ein und derselben Fläche an, denn keiner derselben kann vergrößert werden,
ohne dass dadurch die ihn begrenzenden Teile entsprechend verkleinert würden. Daher kommt es auch, dass dieses Gesichtsbild,
wenn man dasselbe ausschließlich betrachtet, also alle nicht ausgedehnten Empfindungen, namentlich Innervations-, Muskel- und
Tastempfindungen unberücksichtigt lässt, von einem Gemälde, welches die Farben und Nüancen der Wirklichkeit ganz getreu wieder-
gibt, nicht zu unterscheiden ist*). Wenn nun alles Sichtbare,
d. h. Ausgedehnte, wie eben bezeichnet worden ist, einer einzigen
Fläche, welche wir a—z nennen wollen, angehört, so folgt daraus
unmittelbar, dass diese Fläche eine Ebene ist; die kürzeste Verbindung, die zwischen zwei ihr angehörigen Punkten überhaupt
möglich ist, fällt nämlich ganz in sie hinein; denn thäte sie dies
nicht, so müsste eine andere Fläche durch sie gelegt werden können;
dies aber ist deshalb unmöglich, weil, wie wir gesehen haben, alles
Ausgedehnte überhaupt zur Fläche a—z gehört, nichts Ausgedehntes außer ihr besteht.

§ 4. Das was vor allem zur Verkennung und Missachtung
dieser Thatsachen der Wirklichkeit verleitet hat, sind die Veränderungen, denen das Ausgedehnte unterworfen ist.

§ 5. Die eine Art der Veränderung besteht darin, dass die
im mittleren Bezirk des gesamten sogenannten Gesichtsbildes befindlichen Farbenzusammenstellungen mehr und mehr dem einen
Rande sich nähern und über denselben hinaus verschwinden, während die auf der anderen Seite an sie angrenzenden Farbengebilde
fortwährend ihnen nachrücken, und auf der Seite, von welcher sie
sich entfernen, immer neue Komplexe in die Ebene eintreten.
Verschiedene einander unausgesetzt folgende Bilder ziehen so von
einer Seite zur anderen durch die Ebene dahin.

Das, was wir Bewegung unseres Körpers um seine Achse zu

---

*) Leser, welche die Richtigkeit dieser Behauptung bezweifeln, bitte ich,
falls sie Gelegenheit dazu haben, in ein Panorama zu gehen. — Auch die Gleich-
heit zwischen einem Dinge und einem Spiegelbilde sei hier erwähnt.

nennen gewohnt sind, besteht in nichts anderem als in einer solchen
Succession verschiedener zweidimensionaler Gebilde, die einander
folgen, bis sich an das letzte wiederum das erste anschließt und
das Spiel von neuem beginnt. In dem Thatbestande des sichtbaren *) Ausgedehnten ist also bei dieser Veränderung nichts von
einer dritten Dimension zu merken; vielmehr würde der gleiche
Thatbestand vorliegen, wenn eine ausgespannte ebene Leinwand,
die nach Art der Tapeten mit einer nach allen Richtungen hin
sich regelmäßig wiederholenden Reihenfolge von Bildern bemalt
wäre, derart durch unser Gesichtsfeld gezogen würde, dass dieses
stets ganz von einem Teile der Leinwand ausgefüllt wäre. Auch
in diesem Falle fände eine regelmäßige Succession statt, in welcher
sich jedes Bild nach einer bestimmten Zahl von Zwischenbildern
wiederholt; auch würde eine Bewegung dieser Leinwand in einer
der ursprünglich entgegengesetzten Richtung die Reihenfolge der
Bilder gerade so umkehren, wie dies eine Achsendrehung des eigenen
Körpers nach links zur Folge haben würde, falls dieselbe eine
Achsendrehung nach rechts ablöst.

Ungeachtet dieser Thatsache war die geschilderte Veränderung
eine der Ursachen für die Aufstellung der Hypothese vom dreidimensionalen Raume. Die Konstanz in der Reihenfolge, die Regel-
mäßigkeit, mit der einander gleiche Bilder auch voneinander gleichen Bildern begrenzt werden, führte nämlich zu der Annahme,
dass die betreffenden Bilder nicht nur einander gleich, sondern miteinander identisch seien. Mit dieser aus der Wirklichkeit un-
rechtmäßig gefolgerten, der Wirklichkeit widersprechenden Annahme
war der erste wissenschaftlich — methodisch unendlich wertvolle,
erkenntnistheoretisch verhängnisvolle Schritt in das Gebiet unserer
gegenwärtigen metaphysischen Begriffswelt gethan. Diese Annahme
war nämlich nicht mit der Anerkennung der Thatsache vereinbar,
dass die Fläche eine Ebene ist; denn in diesem Falle müsste, da
das Vorbeiziehen ununterbrochen in gleicher Richtung stattfindet,
das erste Bild, wenn ein ihm gleiches ins Gesichtsfeld eintritt.

---

*) Man lasse sich nicht durch den scheinbar psychologisch-metaphysischen
Ausdruck irre leiten, da derselbe nur *faute de mieux* gewählt worden ist, weil
nämlich kein unmetaphysisches, voraussetzungsloses Wort von der Sprache zur
Bezeichnung des hier Genannten geliefert wird.

durch die Ausdehnung aller inzwischen vorübergezogenen von diesem getrennt sein. So wird man durch die Identitätshypothese dazu getrieben, der ausgedehnten Fläche ihre wirkliche Beschaffenheit, nämlich die der Ebene, einfach abzusprechen und die metaphysische Behauptung aufzustellen, sie sei eine in sich zurücklaufende Fläche. Durch diese Behauptung hat man dann die Realthatsache einer regelmäßigen Succession in einen metaphysischen räumlichen Begriff verwandelt.

§ 6. Seine eigentliche Bedeutung als Grundlage der allgemeinsten und tiefgreifendsten metaphysischen Hypothesen erhält aber der Raumbegriff erst durch die Einführung der dritten Dimension und durch die Verbindung dieser Hypothese mit der soeben besprochenen. Die Ursache für die Bildung des Begriffes »dritte Dimension« ist in der noch nicht besprochenen zweiten Art der Veränderungen im Ausgedehnten zu suchen. Wenn das, was man als »Verschiebung, als sich Vorbeibewegen eines Objektes vor einem anderen« oder das, was man als »Drehung eines sichtbaren Objektes« bezeichnet, geschieht, so ist der Thatbestand nichts anderes, als eine qualitative oder lokale Veränderung der Farben und Nüancen zweidimensionaler ebener Gebilde. Wenn ich z. B. ein Buch in rotem, mit Arabesken oder anderen Figuren verziertem Einbande so erhebe, dass der obere Deckel mir voll zugekehrt ist, und einen Teil des weißen Ofens bedeckt, so ist der Thatbestand im Ausgedehnten eine rechteckige Ebene von roter Farbe, allseitig begrenzt von einer weißen Ebene. Geschieht dann das, was Annäherung des Buches an das Auge genannt wird, so vergrößert sich das rote Rechteck zum Nachteile der es umgebenden weißen Fläche, während bei seiner Entfernung vom Auge das Umgekehrte der Fall ist. In einem Falle verschwinden also Teile der roten Fläche, im anderen Teile der weißen aus der Wirklichkeit. Dieser Gleichartigkeit im Verhalten beider Flächen stehen jedoch auch Unterschiede gegenüber; denn während bei der Verkleinerung des Rechteckes die Proportionen zwischen seinen einzelnen Teilen, sowie das Verhältnis des Ganzen zu seinen Teilen die gleichen bleiben und seine Form sich unverändert erhält, ist bei der weißen Fläche, die es umgibt, das Entgegengesetzte der Fall.

In jenen Fällen, in welchen behauptet wird, dass ein Gegenstand vor oder hinter einem anderen, also nicht in der gleichen Ebene mit ihm sei, ist daher in Wirklichkeit nur eine einzige Ebene vorhanden. Alle in ihr vorkommenden Veränderungen der eben besprochenen Art bestehen darin, dass die verschiedenfarbigen Teile, aus denen die Ebene zusammengesetzt ist, ihre Beschaffenheit respektive ihre wechselseitigen Relationen ändern, dass einige Farben oder Farbenkomplexe sich ausdehnen, andere zusammenschrumpfen. einige auftauchen und einige verschwinden. Vor allem das Verschwinden einzelner Bilder und ihr späteres Wiederauftauchen legte die Frage nahe, wohin sie verschwänden, woher sie wieder zurückkämen. Da nämlich bei den besprochenen Veränderungen sich bestimmte Bilder wiederholen, da dieselben, nachdem sie eine Zeitlang verschwunden waren, gleichsam von neuem auftauchen, so ist man, ebenso wie es bei den die sogenannte Drehung des eigenen Leibes begleitenden Vorgängen der Fall war, auch hier geneigt, die einander gleichen Bilder völlig zu identifizieren, für ein einziges zu erklären. Daraus ergibt sich dann die Notwendigkeit der Behauptung, dass die Teile der wirklichen Fläche auch nach ihrem Verschwinden aus derselben fortbestünden, und da sie zweidimensionale ebene ausgedehnte Dinge sind. so muss eine solche Fortexistenz konsequenterweise als eine Fortexistenz in einer Ebene angenommen werden. Diese Ebene kann aber nicht identisch sein mit der wirklichen Ebene, denn aus dieser sind ja die betreffenden Dinge verschwunden; auch in der Fortsetzung dieser Ebene kann sie sich nicht befinden, denn die Objekte sind nicht über den Rand hin entwichen. Es ist also nötig geworden, eine Mehrheit von Ebenen, d. h. eine dritte Dimension anzunehmen.

§ 7. Durch Betrachtung derjenigen Veränderungen in der wirklichen Ebene, welche gewöhnlich als Drehung materieller Objekte bezeichnet wird, wird der Gedankengang, der zur Aufstellung der Hypothese der dritten Dimension oder der Mehrheit der Ebenen geführt hat, noch deutlicher werden, und man wird begreifen, weshalb und in welcher Weise dieselbe mit der weiter oben besprochenen Hypothese von der in sich zurücklaufenden Fläche in Verbindung tritt. Wenn man z. B. eine Zigarrenkiste (rechteckiges Parallelopipedon) vor sich emporhält, sodass der Deckel ausschließlich sichtbar ist, während die Längenachse wagerecht liegt, und man dreht sie

dann langsam um diese Achse, so entsteht eine Reihe voneinander
verschiedener Bilder. Während die Längenausdehnung konstant
bleibt, hat im ersten Stadium der Drehung jedes Bild eine kürzere
Höhenausdehnung als das vorangehende; es erscheinen dann allmählich Teile des Rückens, bis dieser allein im Gesichtsfelde sich
befindet und damit das Bild seine geringste Ausdehnung erreicht
hat; es wächst dann wieder in entsprechender Weise, bis der Boden
senkrecht steht: dann wiederholt sich das Größer- und Kleinerwerden noch einmal, bis das ursprüngliche Bild wiederhergestellt
ist. Bei der Beobachtung der Drehung ist zu beachten, dass alle
Bilder außer den vier, welche der senkrechten Lage der vier Seiten
der Kiste entsprechen, stets in zwei, deutlich voneinander zu
unterscheidende Abschnitte zerfallen, und dass während eines
Stadiums der Drehung immer beide Abschnitte jedes Bildes den
entsprechenden Abschnitten des ihm vorangegangenen auffallend
ähnlich sind, indem nur durch die Verbindung der Ab- oder Zunahme der Höhe mit der Konstanz der Länge eine Verzerrung aller
auf den betreffenden Abschnitten befindlichen Zeichnungen bewirkt
wird. Diese Ähnlichkeit der einander entsprechenden Abschnitte
der aufeinander folgenden Bilder verleitet dazu, dieselben für miteinander identisch, für eine einzige Ebene zu erklären.
— Diese Annahme, durch die man eine Reihe einander ähnlicher
Ebenen für eine einzige Ebene ausgibt, hat eine unmittelbare
folgenschwere Konsequenz. Wenn man sie anders formuliert, enthält sie nämlich eine Antwort auf die Frage: »Wohin entschwinden,
wenn ein Abschnitt des sich verändernden Bildes an Ausdehnung
abnimmt, diejenigen Teile dieses Abschnittes, um die sich seine Ausdehnung vermindert?« — Und zwar lautet diese Antwort: »Die Teile
verschwinden gar nicht, sondern der ganze Abschnitt verändert sich bloß, und alle seine Teile verändern sich dem Ganzen entsprechend.« Die Bedeutung dieser Antwort besteht darin, dass durch
sie die Frage nach dem »Wohin?«-Verschwinden der Teile der Ebene
bis zu dem Moment aufgeschoben wird, in welchem eine der Ebenen,
in welche man das sich verändernde Gebilde zerlegt hat, gänzlich
verschwindet, d. h. bis ein Bild auftritt, dessen ganzer Inhalt nur
demjenigen Abschnitte der früheren Bilder ähnelt, welcher während
des letzten Stadiums der Veränderung fortgesetzt wuchs, d. h. auf

unser Beispiel angewandt: dann, wenn eine Seite der Zigarrenkiste senkrecht steht. Ist jedoch dieser Moment gekommen, so sieht man sich zu dem Zugeständnisse genötigt, dass eine bisher vorhandene Ebene plötzlich verschwunden sei; dieses Verschwinden würde allerdings kein Problem werden, wenn man nicht beobachtete, dass bei Fortsetzung der sogenannten Drehung die einmal vorgekommenen Veränderungen sich nach einer gewissen Zeit wiederholen, und bestimmte Bilder in immer gleicher Reihenfolge aufs neue erscheinen. Da man dies aber beobachtet, und da man hieraus, ebenso wie dies bei den Vorgängen geschah, welche die Achsendrehung des. eigenen Leibes begleiten, die einander gleichen Bilder identifiziert, so wird man zu der Annahme geführt, dass die verschwundenen Ebenen später unverschrt wieder auftauchen, und dass sie auch in der Zeit, während welcher sie nicht in der wirklichen Ebene vorhanden sind, auf irgend eine Art fortexistieren. Da sie ausgedehnte Gebilde sind, liegt es nahe, diese Fortexistenz als eine Fortexistenz im Ausgedehnten anzunehmen, und da sie Ebenen sind, scheinen sie auch als Ebenen fortbestehen zu müssen; — dies ist aber nur möglich, falls außer der wirklichen Ebene, der sie ja gerade während dieser Zeit nicht angehören, noch andere Ebenen vorhanden sind. So kommt man bei der Beobachtung auch dieser Art von Veränderungen im Ausgedehnten zu der Hypothese von der Mehrheit der Ebenen oder der dritten Dimension. Wenn man nach Aufstellung dieser Hypothese nun die Thatsache beachtet, dass jeder der Abschnitte, in die man das sich verändernde Bild in jedem Stadium der Veränderung zerlegt, an einem Punkte allein in der wirklichen Ebene ist, so muss man folgern, dass jeder von ihnen in einer anderen Ebene als die übrigen liegen kann. Kombiniert man hiermit die aus der Gleichmäßigkeit der Veränderung bei wiederholten Drehungen gemachte Folgerung, dass die Beziehungen zwischen den einzelnen Teilen konstante seien, so kommt man zu dem Schlusse, dass jeder einzelne Teil konstant einer anderen Ebene angehöre als jeder der drei übrigen, mit anderen Worten, dass man es in ihnen stets mit Ausschnitten von vier verschiedenen Ebenen zu thun habe. Dieser Schluss ist leider mit der Thatsache, dass während der Veränderung in den meisten Bildern zwei solcher Teile, welche die Hypothese als Ausschnitte verschiedener Ebenen bezeichnet, gleichzeitig Teile der wirklichen Ebene sind, durchaus nicht vereinbar. Man muss daher entweder das Ergebnis des Schlusses und, da der Schluss logisch unantastbar ist, auch seine Prämissen für irrtümlich erklären und aufgeben, oder die wirkliche, einzige Ebene trotz des Widerspruches der Wirklichkeit selbst als ein *mixtum compositum* aus Ausschnitten diverser Ebenen bezeichnen. — — — Das letztere thut man.

Bei unserem Beispiele werden auf diese Weise vier verschiedene Ebenen *A*, *B*, *C*, *D* unterschieden. Da jeder der durch die Hypothese zur Einzelebene gestempelten Abschnitte des sich verändernden Bildes unter den drei anderen Abschnitten zwei findet, deren jeder gleichzeitig mit ihm in der wirklichen Ebene (im Gesichtsfelde) vorhanden sein kann, so gelangt die Hypothese zu einer bestimmten Annahme über Anordnung und Zusammenhang der Ebene; sie behauptet, dass sich an die eine Ebene (*A*) auf einer Seite die zweite Ebene (*B*), an den anderen Rand dieser zweiten die dritte (*C*), an jene die vierte (*D*) und an die vierte endlich wiederum die erste anschließe, dass also aus den vier verschiedenen Ebenen sich eine in sich selbst zurücklaufende Fläche (*E*) zusammensetze. Auf diese Weise ist nunmehr die Hypothese von der Vielheit der Ebenen oder der dritten Dimension mit der Hypothese von der in sich zurücklaufenden Fläche in Verbindung gesetzt. Beide stehen in so engem Zusammenhange, sind so vollkommen miteinander verschmolzen, dass es zweckmäßig ist, dieselbe weiterhin bei der Besprechung als eine einzige Hypothese zu betrachten, welche als Hypothese vom dreidimensionalen Raum bezeichnet werden soll.

§ 5. Die Verschmelzung der beiden Hypothesen zu einer einzigen zeigt sich unter anderen auch darin, dass wir im stande sind, nunmehr die Interpretation derjenigen Veränderungen zu vervollständigen, welche bei einer sogenannten Achsendrehung unseres eigenen Leibes stattfinden und welche wir am Eingange dieses Kapitels besprochen haben. Wir haben gesehen, wie man die regelmäßige Wiederkehr bestimmter Bilder, die strenge und unabänderliche Ordnung in der Reihenfolge durch die Hypothese von einer in sich zurücklaufenden Fläche *a—z* zu erklären suchte. Aber damals war es noch nicht möglich, von dieser Fläche weitere

Eigenschaften auszusagen. Jetzt dagegen ist dies ausführbar, wenn wir uns erinnern, dass die Mehrzahl der gewöhnlich im Gesichtsfelde, d. h. im wirklichen Ausgedehnten vorhandenen Bilder derartigen Veränderungen unterworfen ist, dass die Hypothese von der Vielheit der Ebenen sie als Gebilde, welche aus mehreren Ebenen zusammengesetzt sind, interpretiert und zu der Behauptung gedrängt wird, dass mehrere dieser verschiedenen ein solches Gebilde formierenden Ebenen gleichzeitig miteinander in dem sich befinden können, was wir, befreit vom Vorurteil dieser Hypothese, als die wirkliche Ebene erkennen. Hat nämlich auf diese Weise die Hypothese alle Teile der in sich zurücklaufenden Fläche $a-z$ zu Zusammensetzungen aus verschiedenen Ebenen metaphysiert, so muss sie selbstverständlich auch das, was aus diesen Teilen zusammengesetzt ist, nämlich die Fläche $a-z$, als eine derartige Komposition ansehen.

§ 9. Eine merkwürdige Analogie dazu, dass die Hypothese von der in sich zurücklaufenden Fläche genötigt war, sich mit der Hypothese von dem Vorhandensein einer dritten Dimension in Verbindung zu setzen, zeigt sich in dem Verhalten einer in sich zurücklaufenden Linie. Auch diese kann nur dadurch in sich selbst zurücklaufen, dass sie sich in zwei verschiedenen Dimensionen bewegt. Indem man diese Analogie, nachdem sie einmal bemerkt worden war, weiter ausführte, so konnte man auf Grund derselben verschiedene weitere Behauptungen in betreff der in sich zurücklaufenden Flächen aufstellen.

Da man eine Reihe verschiedener Gesichtsbilder, welche in Wirklichkeit nur eine eigentümliche Veränderungsart eines ebenen Bildes sind, unter den Begriff einer in sich zurücklaufenden Einzelfläche, die einander ähnlichen Teile dieser Gesichtsbilder gruppenweise unter den Begriff von Einzelebenen zusammengefasst hat und die Fläche als eine Zusammensetzung aus den Einzelebenen betrachtet, so kann man aus der Beschaffenheit und dem Verhalten des wirklichen Bildes in jedem einzelnen Falle auf die Beschaffenheit der in sich zurücklaufenden Fläche schließen. Wenn man dann in dieser Weise etwas über die Beschaffenheit dieser Fläche und der sie bildenden Ebenen festgestellt hat, so kann man die so festgestellten Eigenschaften mit Eigenschaften in sich

zurücklaufender Linien vergleichen. Man findet dann in jedem
einzelnen Falle eine Linie, welche unter allen die größte Zahl von
Eigenschaften mit der Fläche gemein hat. Bei einer in sich
zurücklaufenden Linie ist z. B. die Gesamtgröße der von ihr
gebildeten Winkel von der Anzahl der Grade abhängig, aus welchen
sie sich zusammensetzt. Es wird infolgedessen auch die Gesamtgröße der von einer in sich zurücklaufenden Fläche gebildeten
Winkel von der Anzahl der Ebenen, aus welchen sich die Fläche
zusammensetzt, abhängig gemacht. Von der Fläche. welche bei
unserer Demonstration als Beispiel diente, wird behauptet, dass sie
aus vier Ebenen bestehe; man schließt infolgedessen, dass die Summe
der von ihr umschlossenen Winkel vier Rechte betrage. Wenn
man nun, um die Analogie zwischen ihr und einer Linie noch
weiter auszuführen, auf ihre übrigen Besonderheiten achtet, so kann
man zunächst aus der Thatsache, dass in ihr je zwei nicht aneinander grenzende Ebenen einander an Gestalt und Größe gleichen,
Kapital schlagen. Da nämlich eine aus vier Geraden zusammen-
gesetzte geschlossene Linie, welche die Eigenschaft besitzt, dass die
nicht aneinander grenzenden Geraden paarweise einander gleich
sind, ein Parallelogramm ist, so kann man nun von unserer Fläche
behaupten, dass die nicht aneinander grenzenden Ebenen einander
parallel seien, und weil in einem Parallelogramm die einander
gegenüberliegenden Winkel gleich sind, die anliegenden dagegen
sich zu zwei Rechten ergänzen, so sagt man auch diese Eigenschaften von der Fläche aus. Aus dieser Erwägung folgt unmittelbar, dass je vier der acht seitlichen Ränder der vier die Fläche
bildenden Ebenen zusammen ein Parallelogramm bilden; denn die
erste Kante läuft der dritten, die zweite der vierten parallel. Wenn
man die durch diesen Analogieschluss gewonnene Annahme mit
Thatsachen, welche bei anderen Veränderungen des Gesichtsbildes, dessen besprochene Veränderungen zur Aufstellung der
Hypothese führte, in Verbindung zu setzen sucht, so ist dieses
Bestreben erfolgreich. Man nehme an. die Zigarrenkiste werde um
die von der Vorderseite zum Rücken führende Achse gedreht, so
würde dem Deckel, falls dieser zuerst allein das sich verändernde
Gesichtsbild ausfüllt, zunächst die eine Seitenwand, dieser der
Boden der Kiste folgen: an diesen würde sich dann die andere

Seitenwand und an diese wiederum der Deckel anschließen. Würde dagegen die Kiste um die den Deckel mit dem Boden verbindende Achse bewegt, so würden in der Succession der Veränderungen Vorderseite und Rücken an Stelle von Deckel und Boden treten. Durch diese beiden Veränderungsreihen würde nun in einer der nebenbesprochenen analogen Weise festgestellt, dass jede der beiden Seitenwände eine vierseitige Ebene ist. Ich nenne diese beiden Ebenen S und S_1. Da an dieselben Deckel, Rückseite, Boden und Vorderseite als die vier sie begrenzenden Nachbarebenen sich anschließen, so muss der Rand jeder dieser zwei Ebenen identisch sein mit je einer der Linien, welche aus den seitlichen Rändern der vier, die in sich zurücklaufende Fläche E bildenden Ebenen A, B, C, D zusammengesetzt sind. Da von diesen Linien aber aus der Beschaffenheit der Fläche E mit Notwendigkeit gefolgert wurde. dass sie Parallelogramme seien, so müssen S und S_1 die Gestalt von Parallelogrammen besitzen. Wenn man sie nun daraufhin examiniert, so sieht man, dass sie, wenn sie als Abschnitte des sich verändernden wirklichen Bildes ihre größte Ausdehnung erreicht haben, in der That die von ihnen geforderte Gestalt eines Parallelogrammes zeigen. Diese merkwürdige Thatsache erhöht nicht nur den wissenschaftlich-methodischen Wert der Hypothese ganz außerordentlich, sondern ermöglicht es auch noch, eine weitere Eigenschaft von der Fläche E auszusagen. Da nämlich S und S_1 die Eigenschaften wirklich besitzen, welche die Hypothese von den Figuren, welche mit ihnen identisch sein mussten, forderte, so kann man nun auch ihre übrigen Eigenschaften als Eigenschaften dieser Figuren ohne weiteres aussagen. Es müssen deshalb die von den Ebenen A, B, C, D miteinander gebildeten Winkel den Winkeln der Parallelogramme S und S_1 gleich sein. In unserem Beispiele sind S und S_1 Rechtecke, und hieraus ergibt sich, dass die Ebenen A und C senkrecht zu den Ebenen B und D stehen.

§ 10. So sehen wir, wie der empirische Thatbestand der Veränderungen in der wirklichen Ebene metaphysisch interpretiert wird und wie diese Interpretation auch bei ihrer Aufstellung noch nicht berücksichtigten Thatsachen gerecht wird. Es scheint aber hier der Einwurf nahe zu liegen, dass alles, was ausgeführt wurde, vielleicht nur auf das gewählte Beispiel passe. nicht aber auf andere

Figuren und ihre Veränderungen anwendbar sei. Es ist selbstverständlich unmöglich, hier zu zeigen, dass von allen übrigen
Gebilden ganz Entsprechendes gesagt werden könnte : es von einigen
zu beweisen aber wäre deshalb zwecklos, weil dann der Einwand
fortbestehen könnte, dass es von den übrigbleibenden nicht gelte.
Ich begnüge mich deshalb damit, dem Leser zu raten, sich durch
Beobachtung der Vorgänge bei der Drehung anderer Objekte von
der Allgemeingültigkeit des Behaupteten zu überzeugen. Bei
Polyedern wird dies wegen der großen Analogie, die sie alle zu
den in unserem Beispiele vorgeführten Objekten in bezug auf ihre
Veränderung zeigen, nicht schwer sein, wohl aber könnte eine
Kugel oder ein anderer krummflächiger Körper Schwierigkeiten
bereiten: denn solange Teile seiner gekrümmten Oberfläche
während einer Reihe von Veränderungen allein in der wirklichen
Ebene vorhanden sind, zerfällt das Bild nicht in mehrere voneinander trennbare Abschnitte. Dass aber auch hierdurch die gegebene
Herleitung für die Entstehung der Hypothese nicht umgestürzt
oder eingeschränkt wird, das wird jedem deutlich werden, wenn er
sich erinnert, dass die ja auf der Grundlage dieser Hypothese aufgebaute Stereometrie sich gezwungen sieht, jede krumme Fläche
als eine Zusammensetzung aus sehr kleinen und sehr vielen Ebenen
zu betrachten.

§ 11. Wenn wir an dieser Stelle den Fortgang unserer Untersuchungen unterbrechen, um das bisher Dargelegte noch einmal zu
überblicken und ein kurzes Resümee desselben zu geben, so müssen
wir folgendes als die Quintessenz feststellen : »alles farbige (sichtbar)
Ausgedehnte gehört einer einzigen Ebene an.« Gewisse Veränderungen
innerhalb dieser Ebene führen zu der Annahme, dass dieselbe keine
Ebene sei, sondern eine in sich zurücklaufende Fläche ; durch andere
Veränderungen aber gelangt man zur Hypothese von der Vielheit
der Ebenen. Diese durch eine Reihe weiterer Thatsachen bestätigte Hypothese wird mit der Hypothese von der in sich zurücklaufenden Fläche zu der metaphysischen Theorie vom dreidimensionalen Raume verschmolzen. Die Betrachtung der Wirklichkeit
selbst zeigt uns, dass diese Theorie ihr widerspricht. dass sie daher
ungeachtet ihrer großen wissenschaftlichen Bedeutung von der immanenten Philosophie, welche es mit der planvollen Beschreibung der

reinen Wirklichkeit zu thun hat, aus ihrer Darstellung und Zusammenfassung des Realen ausgeschieden werden muss.

§ 12. In welcher Weise ein Teil der nicht ausgedehnten Empfindungen, namentlich Tast-. Innervations-, Gemeinempfindungen mit dem Ausgedehnten, mit welchem sie, wie gezeigt werden wird, in Wirklichkeit nur in zeitlichen, z. B. kausalen Beziehungen stehen, in örtliche Verbindung gesetzt werden, und wie man sie benutzt, die Hypothese vom dreidimensionalen Raume zu bestätigen und auszubauen, ist Aufgabe des zweiten Kapitels, denn erst bei Analyse des Individualbegriffes und seiner Entstehung kann es in klarer, leichtverständlicher Weise dargelegt werden.

§ 13. Am Eingange des Kapitels wurde darauf hingewiesen, dass der Begriff des einen unendlichen Raumes konkreter sei als der eben behandelte Raumbegriff, ein Merkmal mehr habe als dieser. Die metaphysische Natur auch dieses Definitionsprädikates, durch welches die Unendlichkeit vom Raume ausgesagt wird, ist unsere nächste Aufgabe.

§ 14. Dass das farbige (sichtbare) Ausgedehnte in seiner Gesamtheit nicht ein in drei Dimensionen unendlich ausgedehnter Raum sein kann, ist selbstverständlich, nachdem bewiesen worden ist, dass das farbige Ausgedehnte überhaupt nur eine Ebene ist, dass aber auch diese Ebene keine unbegrenzte ist, müsste die einfachste Betrachtung der Wirklichkeit jedem von uns sofort unzweifelhaft machen, wenn man nicht die im Raumbegriff enthaltene metaphysische Hypothese uns von früh auf mit dem denkbar größten, wenn auch unbeabsichtigten Raffinement bei jeder möglichen Gelegenheit, und als Interpretation einer unermesslichen Anzahl realer Thatsachen eingeflößt hätte, und wenn dieselbe nicht deshalb so tief und fest mit unseren Vorstellungen verknüpft wäre, sich nicht so gierig an alle unsere Wahrnehmungen anhinge. Die wirkliche einzige Ebene ist nämlich nicht größer und nicht kleiner, als das, was man Gesichtsbild zu nennen gewohnt ist, denn sie ist mit diesem identisch.

§ 15. Eine wichtige Veranlassung dafür. ihr eine größere Ausdehnung zuzuschreiben, als sie in Wahrheit besitzt. ist die Art und Weise, in welcher sie sich verändert, wenn das geschieht, was als Achsendrehung unseres Leibes oder das, was als eine Fortbewegung desselben bezeichnet wird. Bei derartigen Vorgängen verschwinden Teile der wirklichen Ebene am Rande derselben. Wir haben weiter oben gesehen, dass bei einer sogenannten Achsendrehung sie dies nur auf einer Seite thun und durch andere vorher der Mitte näher befindliche ergänzt werden, für welche wiederum andere von der entgegengesetzten Seite der Ebene einrücken, während an Stelle dieser letzteren ganz neue auftauchen. Es entstehen also die Bilder auf der einen Seite und ziehen dann über die Ebene dahin, um auf der anderen zu verschwinden. Bei der sogenannten Vorwärtsbewegung des Bildes aber verschwinden alle am Rande des Bildes gelegenen Teile, während die in der Mitte gelegenen sich vergrößern und gegen den Rand zu sich ausbreiten. Die neu auftretenden Bilder wachsen gleichsam aus dem Mittelpunkte heraus, um dann wie die ihnen vorangegangenen sich gegen den Rand hin zu entfalten, sodass das Ganze einem Springbrunnen vergleichbar ist, bei dem das aus engster Öffnung hervordringende Wasser sich in Form einer Glocke ergießt.

Bei beiden Bewegungsarten des Leibes also verdrängt ein Teil der Ebene den anderen, einige verschwinden und andere tauchen auf, ohne dass die reine Erfahrung uns zeigt, woher diese kommen, wohin jene verschwinden. Bei der Achsendrehung des Leibes wurde, wie wir gesehen haben, infolge der regelmäßigen Wiederkehr gleicher Bilder und der unabänderlichen Reihenfolge derselben ihre unermessliche Menge durch die metaphysische Identifikation der einander gleichen auf eine begrenzte Anzahl reduziert. Bei der sogenannten Vorwärtsbewegung unseres Leibes jedoch ist ein entsprechendes Verfahren ausgeschlossen; solange dieselbe auch dauert, immer andere, den verschwundenen ungleiche, vielleicht nicht einmal ähnliche Bilder erscheinen als Teile in der wirklichen Ebene. Aber die durch sie offenbarte Unerschöpflichkeit der Veränderung genügt nicht, um die Hypothese von der Unendlichkeit des selbst nur als Resultat einer metaphysischen Hypothese vorhandenen dreidimensionalen Raumes hervorzubringen. Dazu müssen vielmehr Vorwärtsbewegungen des Leibes mit Achsendrehungen desselben kombiniert werden. Wenn am Beginne und am Ende einer Vorwärtsbewegung Achsendrehungen stattfinden, so würde man durch dieselben zwei voneinander verschiedene Veränderungsreihen oder, in der Sprache der Dreidimensionalitätshypothese, zwei verschiedene in sich zurücklaufende Flächen $az1$ und $az2$ erhalten. Je nach der Dauer und Schnelligkeit der zwischen beide Achsendrehungen fallenden Vorwärtsbewegungen respektive nach den dieselben begleitenden zufälligen Umständen sind $az1$ und $az2$ einander mehr oder weniger ähnlich; war die Dauer der Vorwärtsbewegung eine ganz kurze, so werden beinahe immer einige Teile der einen Fläche Teilen der anderen fast vollkommen gleichen und sich höchstens durch etwas größere oder geringere Ausdehnung von diesen unterscheiden; andere Teile von $az2$ werden Teilen von $az1$ in der Weise ähneln, wie bei der von uns vorhin betrachteten um ihre Achse gedrehten Zigarrenkiste während der Veränderung jedes Bild dem ihm vorangegangenen ähnlich war. Dies ist wichtig, denn man identifiziert nun das Bild in $az2$ mit dem ihm ähnlichen in $az1$ und kommt auf diese Weise zu den Begriffen zweier in sich zurücklaufender Flächen $az1$ und $az2$, welche gemeinsame Bestandteile enthalten. Jedes der beiden Bilder wird außerdem in der Weise, die wir bei Besprechung der um ihre Achse gedrehten Zigarrenkiste kennen gelernt haben, begrifflich zu einer aus verschiedenen in festen Beziehungen zu einander stehenden Ebenen zusammengesetzten, in sich zurücklaufenden Fläche, zu einem dreidimensionalen Gebilde gemacht. Nachdem so sowohl das Bild in $az1$ wie das demselben ähnliche in $az2$ als dreidimensionales Gebilde interpretiert worden ist, werden sie nun nicht mehr zu einem einzigen Bilde, sondern zu einem einzigen dreidimensionalen Dinge begrifflich vereinigt.

Einige unter den Bildern in $az2$, welche auf Grund ihrer Ähnlichkeit mit Bildern in $az1$ mit diesen zusammen als ein einziges dreidimensionales Ding aufgefasst werden, sind in beiden Flächen auch von gleichartigen Bildern begrenzt, sodass man sagen kann, sie seien in $az2$ in genau derselben Nachbarschaft wie in $az1$, bei einem anderen Teile der Bilder jedoch ist das Gegenteil der Fall. Bei der sogenannten Vorwärtsbewegung des eigenen Leibes, also bei jener Veränderung der wirklichen Ebene, durch welche die als Fläche $az1$ interpretierte Veränderung von der als $az2$ interpretierten zeitlich getrennt ist, quellen nämlich in der Mitte der sich verändernden wirklichen Ebene immer neue

Bilder hervor, die sich allseitig ausbreiten, dadurch vorher benachbarte Teile der Ebene trennen und sich allmählich mehr und
mehr voneinander entfernen, sodass in $az2$ Bilder, die in $az1$
aneinander grenzten, weit voneinander getrennt sind, andere Bilder
in ihr vorhanden sind, welche in $az1$ überhaupt fehlten. Dem-
gegenüber sind dann aber auch in $az2$ Bestandteile, die in $az1$
vorhanden waren, verschwunden und infolge dieses Verschwindens
zuvor voneinander getrennte Bilder so dicht aneinander gerückt,
dass sie sich nun gegenseitig begrenzen. Wenn man nun bedenkt,
dass die Zahl verschiedener möglicher Vorwärtsbewegungen des
Leibes nur durch sogenannte mechanische Hindernisse (deren Wesen
nicht hier, sondern erst im zweiten respektive fünften Kapitel be-
handelt werden kann) eingeschränkt ist, und dass das Hervorquellen
neuer Bilder im Zentrum der wirklichen Ebene bei jeder dieser
verschiedener Bewegungen an einer anderen Stelle der Fläche az
stattfindet, so erkennt man, dass die in der Fläche $az1$ einander
benachbarten Bilder zum großen Teile durch irgend eine Veränderung in dieser Fläche voneinander getrennt oder entfernt werden
können.

§ 16. Soll trotz dieser Erkenntnis die Hypothese gerettet
werden, welche die bei der sogenannten »Achsendrehung des eigenen
Leibes« stattfindenden Veränderungen durch den Begriff einer in sich
zurücklaufenden Fläche zu erklären sucht, so sieht man sich gezwungen,
diese Fläche größer anzunehmen, als ursprünglich nötig schien. Da
nur von denjenigen Teilen der wirklichen Ebene, welche bei keiner
Veränderung derselben voneinander getrennt werden, angenommen
werden kann, dass sie in einer in sich zurücklaufenden Fläche aneinander grenzen, so wird man erst durch die Kombination einer
großen Anzahl von Veränderungsvorgängen und zwar sowohl solcher
welche einer sogenannten Achsendrehung des eigenen Leibes, als auch
solcher, welche einer Vorwärtsbewegung desselben entsprechen, in den
Stand gesetzt, anzugeben, welche von den Einzelebenen, in welche
man jede in sich zurücklaufende Fläche zu zerlegen gezwungen
worden war, wirklich aneinander grenzen, d. h. erst auf Grund
einer solchen Kombination kann man eine in sich zurücklaufende
Fläche az begrifflich konstruieren; aber selbst dann bleibt, so
reichhaltig auch das Material für die Kombination sein mag, die

Konstruktion der Fläche häufig unfertig, da oft noch weitere Veränderungen möglich sind, welche auch solche Teile der wirklichen
Ebene auseinander reißen, welche bei den bisherigen Veränderungen
nicht getrennt worden sind. Auf diese Weise wird man dann
gezwungen, die Ausdehnung der in sich zurücklaufenden Fläche
immer größer und größer anzunehmen, da immer neu hinzukommende Ebenen Aufnahme in dieselbe verlangen; diese fortwährende
Regulierung des Begriffes von einer einzelnen in sich zurücklaufenden Fläche dauert so lange, bis keine Stelle in ihr aufgenommen
wird, deren Bestandteile noch bei irgend einer Veränderung voneinander getrennt werden können. Diese Notwendigkeit einer
solchen Regulierung dauert aber überall, wo es sich nicht um das,
was wir einen völlig geschlossenen Innenraum nennen (etwa um
das Zimmer eines Hauses), handelt, unbegrenzt fort. In jenen Fällen
aber, in denen es sich in der That um einen solchen Innenraum
handelt, in denen also die Fläche zu Ende konstruiert werden kann,
fasst man alle diese Fläche zusammensetzenden Ebenen, wie alle
Ebenen überhaupt, als Bestandteile dreidimensionaler Gebilde auf,
und man glaubt andere Ebenen, welche denselben dreidimensionalen
Gebilden angehören, als Teile anderer in sich zurücklaufender
Flächen zu finden. Um es sich an einem Beispiele klar zu machen,
nehme man an, man stelle durch die mannigfachsten Drehungen
und Vorwärtsbewegungen des eigenen Leibes in einem leeren
Zimmer den Zusammenhang aller Ebenen fest und konstruiere so
begrifflich eine in sich zurücklaufende, aus dem Fußboden, der Decke
und den vier Wänden bestehende Fläche $az1$. Verlässt man dann
das Zimmer und schließt, nachdem man das ebenfalls leere an-
stoßende Zimmer betreten hat, hinter sich die Verbindungsthür, so
kann man nun in entsprechender Weise wie vorher eine in sich
zurücklaufende Fläche $az2$ begrifflich konstruieren. Indem man
aber die Thür, während man sie öffnete und schloss, beobachtete,
bildete man auf Grund der später als Bewegung der Thür aus-
gelegten Veränderungen in der wirklichen Ebene den Begriff eines
aus verschiedenen Ebenen zusammengesetzten dreidimensionalen
Gebildes, eben den Begriff der Thür". So ist nun in der Fläche

---

*) Wie man dabei verfährt, das haben wir bei Betrachtung der Zigarrenkiste
kennen gelernt.

des ersten Zimmers ebenso wie in der des zweiten je eine Ebene
enthalten, welche als Bestandteil der Thür betrachtet wird. Da
nun jede dieser Ebenen mit den übrigen der Thür angehörigen
Ebenen räumlich zusammenhängen muss, während anderseits die
eine dieser Ebenen ein Teil der Fläche $az1$, die andere dagegen
ein Teil der Fläche $az2$ ist, so stellt der Zusammenhang der zur
sogenannten Verbindungsthür gehörigen Ebenen den Zusammenhang
der beiden in sich zurücklaufenden Flächen $az1$ und $az2$ vor.

§ 17. Die Betrachtungen der verschiedenen möglichen Ver-
änderungen der wirklichen Ebene zeigen also, dass man bei dem
Versuche, die die Achsendrehung des eigenen Leibes begleitenden
Veränderungen durch den Begriff einer in sich zurücklaufenden
Fläche zu erklären, in allen Fällen, in welchen es sich nicht um
einen sogenannten geschlossenen Innenraum handelt, gezwungen ist,
immer fortgesetzt mehr und mehr Bilder als Bestandteile dieser
Fläche anzunehmen, während in denjenigen Fällen, in welchen die
Konstruktion zum Abschlusse gebracht werden kann, sich herausstellt, dass die konstruierte in sich zurücklaufende Fläche räumlich
mit anderen Flächen zusammenhängt. Auf diese Weise stellte sich
als eine Konsequenz der Hypothese heraus, dass der unmittelbare
räumliche Zusammenhang jeder einzelnen Ebene mit jeder anderen
proklamiert wurde. Je mehr einzelne Ebenen vorhanden sind, um
so ausgedehnter muss der gesamte Raum angenommen werden,
denn, wie wir sahen, ist derselbe ja nichts anderes als der Zusammenhang aller Ebenen. Da nun jeder von der Hypothese
begrifflich konstruierten Fläche irgend eine Veränderung der wirklichen einzigen Ebene zu Grunde liegt, so ist die Anzahl der
Flächen und infolgedessen die Ausdehnung des Raumes von der
Variabilität der wirklichen Ebene abhängig. Ist diese unbegrenzt,
so muss auch der Raum als unbegrenzt angenommen werden; Un-
begrenztheit ist aber gleichbedeutend mit Unendlichkeit.

Der übliche Beweis für die Unendlichkeit des Raumes beruht
auf der Anwendung der Begriffe »vor« und »hinter«; da diese nur
auf Grundlage des Ichbegriffes entstehen können, so kann der betreffende Beweis erst nach der Erörterung dieses Begriffes, also am
Schlusse des zweiten Kapitels kritisiert werden. Dort werde ich auf
den Unendlichkeitsbegriff zurückkommen.

§ 18. Es liegt nahe, nachdem die Untersuchungen, durch welche die Dreidimensionalität und Unendlichkeit als metaphysische Prädikate einer Aussage über das Ausgedehnte, also als bloße methodische Hilfsbegriffe aufgedeckt wurden, zu fragen, wie trotz der Unwirklichkeit der Dreidimensionalität und Unendlichkeit eine Mathematik des Raumes, die auf Grund der Annahme dieser beiden Eigenschaften aufgestellt ist, im stande sein kann, allen wirklichen Thatsachen gerecht zu werden. — Diese Frage ist nur ein konkreter Fall des abstrakteren Problemes: wodurch kann eine metaphysische Hypothese überhaupt zu ihrem methodischen Werte gelangen? In der Einleitung wurde gesagt, dass eine metaphysische Hypothese ein der Wirklichkeit widersprechendes oder nicht in der Wirklichkeit bestätigtes Urteil sei, aus welchem man Thatsachen der Wirklichkeit ableiten kann. Es ist offenbar seltsam und scheint unerklärlich, dass aus unwahren Behauptungen richtige mit unfehlbarer Sicherheit abgeleitet werden können. Die Antwort auf die Frage, wie es dennoch geschieht, lautet: »durch Generalisation von Analogien zur Erfahrung.« Die Bedeutung dieser Antwort und das Wesen metaphysischer Hypothesen überhaupt wird deutlicher werden, wenn wir die in diesem Kapitel behandelte Hypothese von dem dreidimensionalen Raume, welche hier für uns die Ursache für das Aufwerfen der Frage war, als Beispiel den Ausführungen zu Grunde legen.

§ 19. Die Hypothese, dass es einen dreidimensionalen Raum gebe, d. h. die Annahme des Vorhandenseins vieler miteinander in räumlichen Beziehungen stehender Ebenen ist metaphysisch, d. h. sie fällt aus der Wirklichkeit heraus, ist also ein gegenstandsloses Urteil. — Erst dadurch verdient dieses leere Urteil vor anderen ebenfalls leeren den Vorzug, dass die Hypothese behauptet, jeder Teil der wirklichen Ebene sei zugleich ein Teil des dreidimensionalen Raumes, d. h. ein Teil einer in sich selbst zurücklaufenden Fläche. Denn wenn man nun Gesetze, welche diese metaphysischen Dinge regeln, für die Verhältnisse ihrer Teile zu einander, für die Abhängigkeit des einen vom anderen aufstellt und dadurch in den Stand gesetzt wird, aus bestimmten Behauptungen über die Beschaffenheit einzelner Teile Behauptungen über andere Teile abzuleiten, so kann der Fall eintreten, dass man aus

Behauptungen über bloß metaphysische Teile Behauptungen über
solche Teile ableitet. welche zugleich Bestandteile der wirklichen
Ebene sind. Und es wird so eine Kontrolle durch die Erfahrung
herbeigeführt. Bei diesem Verfahren scheint das Eine unbegreiflich,
dass man vom Unbekannten auf Bekanntes zu schließen vermag,
dass man von Dingen, die nur dem Namen nach existieren, spezielle
Eigenschaften auszusagen vermag, aus denen man Urteile ableiten
kann, welche die Wirklichkeit bestätigt. Es scheint nämlich vom
schrankenlosesten Zufall, von der uneingeschränktesten Willkür ab-
zuhängen, was überhaupt von metaphysischen Dingen ausgesagt
wird, da es ja nicht auf Grund irgendwelcher Erfahrung geschehen
kann. Wäre dies aber wirklich der Fall. so wäre es wahrscheinlich,
dass unter Millionen solcher Aussagen kaum eine einzige sich befände, deren Konsequenzen von der Wirklichkeit bestätigt würden.
Es ist also offenbar, dass in unserem Falle bei der Aufstellung der
Behauptungen über die metaphysischen dreidimensionalen Gebilde
eine bestimmte Regel befolgt wird. durch welche den Annahmen
ihre Bestätigung durch die Wirklichkeit verschafft wird. Diese
Regel nun ist die Analogie zu den empirischen Gesetzen der Linien.
Es wird von einem aus einer Anzahl von Ebenen zusammengesetzten
d. h. dreidimensionalen Gebilde in der Mathematik niemals etwas
behauptet, was man nicht von einer Linie behaupten könnte, wenn
man statt des Wortes Fläche das Wort Linie, statt des Wortes
Ebene das Wort Gerade einsetzte. Ein Beispiel für dieses Verfahren
haben wir bereits kennen gelernt. Es war § 9 gezeigt worden,
dass die hypothetische in sich zurücklaufende Fläche das »in sich
selbst Zurückkehren« ebenso wie eine Linie nur dadurch ausführen
kann, dass sie sich aus Teilen zusammensetzt, die in verschiedenen
Richtungen verlaufen, d. h. mit Hilfe von mehreren Dimensionen.
Die Linie. welche an sich eindimensional ist, bedarf nur noch der
zweiten, die Fläche aber, welche an und für sich zweidimensional
ist, bedarf, weil infolgedessen jeder der sie zusammensetzenden
Teile, d. i. jede Ebene, schon in zwei Dimensionen verläuft, noch
einer dritten, um in verschiedenen Richtungen verlaufende Teile
zu besitzen. Es wurde nun gezeigt, wie die aufgefundene Analogie
weiter ausgedehnt und durch Anwendung derselben verschiedene
zwischen den Ebenen stattfindende Relationen festgestellt wurden

So sahen wir z. B., dass man von einer aus vier Ebenen zusammengesetzten Fläche, in welcher die nicht aneinander grenzenden Ebenen einander gleich waren, aussagte, dass diese Ebenen einander parallel seien, und dass die beiden von einer der Ebenen mit dem an sie angrenzenden gebildeten Winkel einander zu zwei Rechten ergänzten, während die nicht an ein und derselben Ebene anliegenden Winkel einander gleich seien. Dies entspricht gerade dem, was die Erfahrung von einer aus vier Geraden zusammengesetzten Linie aussagt, denn sie lehrt, dass in ihr die nicht aneinander grenzenden Geraden einander gleich sind, dass die beiden von einer der Geraden mit dem an sie angrenzenden gebildeten Winkel einander zu zwei Rechten ergänzen, während die nicht an ein und derselben Geraden anliegenden Winkel einander gleich sind. Ein anderes einfaches Beispiel bietet die Berechnung der Inhalte dreidimensionaler Gebilde. Den Inhalt eines Rechteckes, d. h. einer aus vier zu einander senkrecht stehenden Geraden gebildeten in sich zurücklaufenden Linie, findet man, indem man zunächst feststellt, wie oft eine als Einheit gewählte Gerade von bestimmter Länge in jeder von zwei aneinander grenzenden Geraden enthalten ist, und indem man dann die hierdurch gewonnenen Zahlen miteinander multipliziert. Den Inhalt eines hypothetischen rechteckigen Parallelepipedons berechnet man ganz analog dadurch, dass man feststellt, wie oft eine als Einheit angenommene Gerade in jeder von drei Geraden enthalten ist, deren zwei erste den beiden Dimensionen einer Ebene entsprechen, deren dritte dagegen einer anderen, der ersten nicht parallelen Ebene ausschließlich angehört, und indem man, nachdem dies festgestellt ist, die gefundenen Zahlen miteinander multipliziert. In genau entsprechender Weise leitet man alle übrigen Verhältnisse von Flächen mit Hilfe der Analogie voneinander ab.

§ 20. Da die Eigenschaften der den Flächen angehörigen Linien durch die Eigenschaften der Flächen mitbestimmt werden, lässt sich auch über das Verhalten von Linien, die verschiedenen Ebenen oder Flächen bestimmter Art angehören, durch die geschilderte Methode mancherlei feststellen. Ist wie in unserem Beispiele von zwei Ebenen festgestellt, dass sie zu einander parallel laufen, d. h. dass sie einander nirgends berühren, soweit man sie auch

nach allen Richtungen ausdehnen mag, so steht ohne weiteres auch
fest, dass die Linien, welche der einen dieser Ebene angehören, die
der anderen Ebene angehörigen niemals berühren oder schneiden.
Während man aber von den parallelen Ebenen in Analogie zu
parallelen Linien aussagt, dass die kürzesten Linien, welche die
verschiedenen Punkte der einen Ebene mit der anderen Ebene ver-
binden, einander gleich seien, kann man von den den beiden parallelen Ebenen angehörigen Linien nicht unbedingt dasselbe sagen;
vielmehr kann man leicht beweisen, dass unzählige Linien der
einen Ebene von unzähligen Linien der anderen an verschiedenen
Stellen ihres Verlaufes verschieden weit entfernt sind. Denn nimmt
man an, eine Linie der ersten Ebene, z. B. eine Gerade l, sei einer
Geraden m der zweiten Ebene parallel, so dass alle ihre Teile
gleichweit voneinander entfernt seien, so kann man offenbar in
der ersten Ebene eine unbegrenzte Zahl von Geraden ziehen, welche
l schneiden. Je weiter ein Punkt einer dieser Linien, welcher wir
den Namen $l1$ geben, von demjenigen Punkte entfernt ist, in
welchem sie l schneidet, um so weiter ist er überhaupt von l entfernt.
Da nun aber die Entfernung zwischen l und m eine konstante ist,
so kann keine Linie von $l1$ verschieden weit entfernte Punkte
besitzen, ohne dass diese Punkte auch von m verschieden weit entfernt sind.

§ 21. Diese wenigen Beispiele für das von mir Gesagte mögen
hier genügen. Der Leser wird leicht im stande sein, sich durch
eine Reihe anderer gleichartiger Betrachtungen davon zu überzeugen, dass man niemals von den Verhältnissen zwischen Ebenen
etwas behauptet, was man nicht von den Verhältnissen zwischen
Linien auf Grund der Erfahrung aussagen könnte, und dass nichts
über das Verhalten, das verschiedenen Ebenen angehörige Linien
gegeneinander beobachten, festgestellt wird, was nicht aus einer
Kombination der über die Relationen der Ebene aufgestellten Sätze
mit denjenigen empirischen Sätzen, welche von den Linien innerhalb
der wirklichen einzigen Ebene gelten, gefolgert werden kann. Die
in der Stereometrie angewandte Methode beruht also einfach darauf,
dass man die in einer Reihe von Fällen bewährte vollkommene
Analogie zwischen Linien und Flächen nun ins Unbegrenzte gene-
ralisiert. Es bleibt hierbei freilich merkwürdig, dass die Generali-

sation einer derartigen Analogie sich als berechtigt herausstellt, aber es ist in keiner anderen Weise merkwürdig, als die Bestätigung, welche anderen rein empirischen Generalisationen durch die Erfahrung gewährt wird; denn auch die Bestätigung der Analogien kann ja als empirische Thatsache konstatiert werden, und auf Grundlage dieser empirischen Thatsache erfolgt die Generalisation. Etwas in solcher Weise Merkwürdiges kann aber für die immanente Philosophie nie problematisch, nie Gegenstand einer erkenntnistheoretischen Untersuchung sein ; denn es erscheint nur darum merkwürdig, weil man geneigt ist, die Frage nach einer Ursache über die Grenzen der Wirklichkeit auszudehnen, eine Neigung, welche, wie ich in den »Fundamenten der Erkenntnistheorie und Wissenschaftslehre« §§ 61, 62 nachgewiesen habe, erkenntnistheoretisch unberechtigt ist. Die Vielzahl gleichartiger Relationen, welche es möglich macht, in Form allgemeiner Urteile sogenannte empirische Gesetze des Geschehenen schon auf Grund einer beschränkteren Anzahl gleichartiger Relationen aufzustellen, ist eben eine Thatsache der Wirklichkeit.

§ 22. Die metaphysischen Bestandteile des Zeitbegriffes dringen noch tiefer als die metaphysischen Bestandteile des Raumbegriffes in die Fundamente unserer Weltanschauung ein, weil von ihnen nicht nur unsere Aussagen über das Ausgedehnte, sondern auch die Behauptungen über alle übrigen Thatsachen der Wirklichkeit beeinflusst werden. Aber sie besitzen nicht im entferntesten jenen hohen methodischen Wert, den wir der Hypothese vom dreidimensionalen Raume zuerkennen müssen. Im Gegenteil, wir müssen konstatieren, dass man bei Aussagen über die Zeit meist leichtfertig und unmethodisch zuwege gegangen ist.

§ 23. Definition ist Abgrenzung; es kann also nur ein Begriff definiert werden, neben dem Begriffe vorhanden sind, deren Inhalt sich nicht mit dem seinigen deckt. Der Zeit anzugehören, zeitlich zu sein, ist aber allen Dingen überhaupt gemeinsam. Diese Thatsache ist allgemein anerkannt, aber die Anerkennung derselben hat nicht verhindert, dass man bestimmte Aussagen über die Beschaffenheit der Zeit zu machen versuchte. Der Grundirrtum, den man hierbei beging, und der überhaupt ein solches Unternehmen entstehen ließ, ist die Annahme, das Zeitlichsein wäre etwas, was zu den übrigen Eigenschaften der Dinge hinzukäme, dies ist aber gerade so, als nehme man an, das Farbigsein eines Gegenstandes wäre etwas, was zu seinem Rot- oder Blausein noch hinzukäme, während doch in der That ein Ding nur dadurch unter den Begriff farbig gehört, weil es rot oder blau ist. Durch solche abstrakte Begriffe wird eben nur eine Reihe konkreter Fakten zusammengefasst. Sowie man in solcher Weise alle Geräusche und Töne unter den Begriff Schall, alle verschiedenen Gerüche unter den Begriff Geruch zusammenfasst, so vereint man die Farben, Gerüche. Schalle, Schmerzen, Luftempfindungen, Tastempfindungen etc. mit Hilfe des Begriffes Zeit. Ein Ding ist also nicht etwa erstens rot, zweitens in der Zeit andauernd, sondern, dass es rot ist, ist seine konkretere Art, zeitlich zu dauern. Die konkreten Eigenschaften können dem Dinge nicht genommen werden, ohne dass auch die abstrakte Eigenschaft der zeitlichen Ausdehnung fällt. Anderseits kann kein Ding mit irgendwelchen konkreten Eigenschaften bestehen, welches nicht zeitlich wäre. Denn wäre es nicht zeitlich, so wäre es niemals, was aber niemals ist, ist offenbar überhaupt nicht. Zeitlichsein ist also identisch mit Wirklichsein, ist dasjenige, was man von jedem Dinge aussagen kann, mit einem Worte, dasjenige Definitionsprädikat, durch welches jeder Begriff mit jedem anderen unter einen gemeinsamen abstraktesten Begriff gebracht wird. Die Aussage, ein Ding sei zeitlich, ist also die leerste aller nicht metaphysischen, empirischen Aussagen. Es wird mit derselben streng genommen über das Ding noch gar nichts ausgesagt. Sagen wir von einem Dinge aus, es sei farbig, so werden wir zwar auch dadurch nicht in den Stand gesetzt, ihm eine bestimmte Eigenschaft zuzuerkennen, aber wir vermögen wenigstens es mit einer Eigenschaft vorzustellen, welche gemeinsam mit der, welche es wirklich hat. in das Bereich eines Begriffes fällt, welchem viele andere Eigenschaften, z. B. Gerüche, nicht angehören. Etwas Entsprechendes ist bei der Aussage, ein Ding sei zeitlich, nicht möglich.

§ 21. Dieser ursprünglich abstrakteste, also umfangreichste und leerste aller Begriffe wird aber später zur Bildung konkreterer Begriffe gemissbraucht. Man begnügt sich nicht damit, von irgend einem konkreten Dinge die unzweifelhaft richtige Aussage zu

machen, es sei zeitlich in einer bestimmten Art und Weise. Da
nun Zeitlichsein mit Wirklichsein, d. h. mit Sein identisch ist, so
ist offenbar »in einer bestimmten Weise Zeitlichsein« auch identisch
mit »in einer bestimmten Weise Sein«. Alles, was man von einem
Dinge aussagen kann, ist daher eine Aussage über die speziellere
Art und Weise seines »Zeitlichseins«. Leider ist diese Erwägung
unberücksichtigt geblieben, und man ist darauf verfallen, nur eine
ganz beschränkte Anzahl von konkreten Eigenschaften als bestimmte
Arten des Zeitlichseins aufzufassen. Auf diese Weise bildet man
die zwei Begriffe »Gegenwärtigsein« und »Nichtgegenwärtigsein« und
teilt dann auch den Begriff »Nichtgegenwärtigsein« in die Unter-
begriffe »Vergangensein« und »Künftigsein« ein. Zu zeigen, welche
Merkmale jeder dieser verschiedenen Gruppen zukommen, soll die
Aufgabe der zunächst folgenden Abschnitte sein.

§ 25. Zwei Dinge, deren eines zum Begriff »gegenwärtiges
Ding« gehört, während das andere unter den Begriff »nichtgegenwärtiges Ding« fällt, können doch einem anderen, noch dazu konkreten Begriffe gemeinsam angehören, ja sogar derart eng miteinander verwandt sein, dass sie unter den Begriff eines bestimmten
Einzeldinges fallen; z. B. fällt unter den Begriff »Kölner Dom«
einerseits der Begriff des gegenwärtig stehenden Kölner Domes,
anderseits der des Kölner Domes in Vergangenheit und Zukunft.
Eine ungeheuere Fülle von Merkmalen ist selbstverständlich dem
gegenwärtigen und dem nichtgegenwärtigen Kölner Dom miteinander gemein. Sehen wir aber auch von allen Veränderungen, die
ein solches sogenanntes Einzelding bis zur Gegenwart erlitten hat
und welche es von der Gegenwart an erleiden wird, ab, so bleibt
doch immer noch etwas übrig, was das gegenwärtige Ding von
dem nichtgegenwärtigen Dinge unterscheidet. Was ist nun dies
für ein Merkmal? — Man sollte erwarten, dass eine so allgemeine und wichtige Unterscheidung auf einem natürlichen und
einfachen Merkmale beruhen sollte, aber gerade das Gegenteil ist
der Fall. Das Merkmal, an welchem man das Gegenwärtige von
dem Nichtgegenwärtigen ursprünglich unterscheidet, lässt man
späterhin fallen, und es werden auf diese Weise beide Begriffe
höchst kompliziert und verworren.

§ 26. Die ursprüngliche Grundlage der Unterscheidung besteht

in der Einteilung aller wirklichen Dinge in zwei Gruppen, deren
eine das enthält, was man Wahrnehmungen nennt, während die
andere die Vorstellungen in sich beschließt. Was der Unterschied
zwischen Wahrnehmungen und Vorstellungen sei, kann nicht begrifflich ausgedrückt werden, noch weniger als man begrifflich den
Unterschied zwischen Rot und Blau deutlich zu machen vermag.
Jedes Ding, das nicht Wahrnehmung ist, muss Vorstellung sein,
und umgekehrt. Es sind kontradiktorische Gegensätze. Es kann
aber jede Vorstellung anderen Vorstellungen ungemein unähnlich
sein, irgend einer Wahrnehmung aber ungemein gleichen und sich
nur durch ein gewisses Etwas, um dessenwillen es eben als Nichtwahrnehmung bezeichnet wird, von ihr unterscheiden. Alles, was
man außer dem Prädikate Vorstellung irgendwie von ihm aussagen
kann, kann man auch von der ihm ähnlichen Wahrnehmung mit
Recht aussagen. Zu »Wahrnehmung« kann daher kein anderes
Definitionsprädikat gesetzt werden als das Prädikat Nichtvorstellung,
und *vice versa*. Alle Begriffe, die man sonst noch verwendet hat,
um etwas über die Begriffe Wahrnehmung resp. Vorstellung auszusagen, sind daher figürlich. So z. B. wenn man sagt, die Wahrnehmungen seien lebhafter, kräftiger, intensiver als die Vorstellungen: letztere seien nur blasse, schwache oder undeutliche Abbilder
derselben.

§ 27. Zwei so undefinierbare Begriffe zur Einteilung der gesamten Wirklichkeit zu benutzen, scheint misslich. Es ist jedenfalls unbedingt nötig, dass jemandem allmählich beigebracht werde,
welche Fakta er in dem Gebiete des Begriffes Wahrnehmung, welche
er in dem des Begriffes Nichtwahrnehmung unterzubringen hat,
wenn diese beiden Begriffe und die auf ihnen beruhende Einteilung
für ihn überhaupt Sinn und Bedeutung haben soll. Für einen
solchen Menschen aber kann dann eine solche Einteilung eine
gewisse logische Brauchbarkeit haben. Merkwürdig bleibt nur,
dass diese Einteilung und die aus ihr abgeleiteten Unterschiede,
wie dies weiterhin gezeigt werden wird, als einzige zeitliche
Unterschiede zwischen wirklichen Dingen betrachtet werden. Denn,
wie wir gesehen haben, ist »Zeitlichsein« das allen Dingen der
Wirklichkeit Gemeinsame, d. h. der abstrakteste Begriff, durch den
alle übrigen zusammengefasst werden. Da nun zwei verschiedene

Beispiele für einen konkreten Begriff auch zwei verschiedene Beispiele für die letzteren übergeordneten abstrakteren Begriffe sind, so ist jeder Unterschied zwischen zwei wirklichen Dingen zugleich ein zeitlicher Unterschied. Man sieht also, wie die ausschließliche Benutzung der Unterscheidung zwischen Wahrnehmungen und Vorstellungen zur Einteilung des Zeitlichen und somit zur Bildung verschiedener Zeitarten der ursprünglichen empirischen Bedeutung des Zeitbegriffes widerspricht. Diese Bedeutung muss ihm also ganz genommen werden, wenn sich nicht Widersprüche ergeben sollen. Thatsächlich aber lässt man ihn ruhig in alter Weise weiterbestehen und sagt doch Dinge von ihm aus, die dieser Beschaffenheit desselben widersprechen.

§ 28. Wie man die Nichtgegenwart in Vergangenheit und Zukunft einteilt, wie man später die ursprüngliche Identität zwischen Gegenwart und Wahrnehmung einerseits, zwischen Nichtgegenwart und Vorstellung anderseits aufgibt und den Begriff »Wahrnehmung« mit dem Begriff »Nichtgegenwart«, den Begriff »Vorstellung« mit dem Begriff »Gegenwart« zur teilweisen Deckung bringt, dies alles kann erst in späteren Kapiteln dargestellt werden; es kommt durch Anwendung des »Ichbegriffes« zustande, und seine Entstehung und Bedeutung ist daher nicht verständlich, bevor der »Ichbegriff« selbst vollkommen analysiert ist.

Kapitel 2.

Das »Ich« und die »Außenwelt«.

§ 29. Die Auffassung des Volkes stimmt mit der Annahme der Wissenschaften, vor allem der Psychologie und mit den Lehren fast aller Philosophen darin überein, dass sie einen Gegensatz zwischen »Ich« und »Nichtich« annimmt; aber in der weiteren Ausdeutung dieses Gegensatzes gehen die Meinungen weit auseinander, und es entsteht dadurch eine große Zahl verschiedener Theorien.

§ 30. Stehe ich z. B. des Abends am offenen Fenster und

blicke zum Monde empor, so nimmt die populäre Auffassung an, der Mond und ich seien zwei räumlich getrennte Dinge, die durch das Sehen verbunden würden. Das »Ich« ist für die Meinung des Volkes mit dem Leibe verknüpft. Der Mond als ein dem Leibe fremdes Objekt wird daher auch für etwas außerhalb des »Ich« Befindliches erklärt.

§ 31. Diese primitive Auffassung wird beseitigt, sobald man versucht, ihre Konsequenzen zu ziehen. Wenn der Mond etwas dem »Ich« Fremdes, von ihm Unabhängiges wäre, so müsste er fortbestehen, auch wenn er nicht erblickt wird; thatsächlich befindet sich dann jedoch in der empirischen Welt, in der Wirklichkeit kein Mond. Dieser und eine Reihe anderer Gründe, von denen ich hier die Träume, ferner die Möglichkeit. Gesichtsempfindungen durch elektrische oder mechanische Erregung der Sehnerven hervorzurufen, erwähne, veranlassen die Ansicht. dass der Mond als etwas unmittelbar Geschenes, als hell glänzende Sichel, dem »Ich« angehöre, dass aber fern von dem an den Körper gebundenen, im Gehirne lokalisierten »Ich« draußen im Raume ein objektiver vom »Ich« unabhängiger Mond schwebe, und dass die von ihm entsendeten Strahlen (Schwingungen des Äthers) das Auge erreichten, bis auf die Netzhaut eindrängen, dadurch den Schnerv und durch seine Vermittelung das im Gehirn gelegene Sehzentrum affizierten, und dass diese Affektion des Zentralorgans sich im Bewusstsein als Bild der Sinne darstelle. Dies ist die Auffassung der Physiologie und vor allem der Psychologie. Wenn man sein Augenmerk auf die Thatsache der Wirklichkeit richtet, so erkennt man, dass sich die Psychologie bei dieser Annahme in einem *circulo vicioso* bewegt. Das Bild des Mondes als Wirklichkeits- oder Bewusstseinsthatsache befindet sich nämlich im Raume, da dieser selbst eine Bewusstseinsthatsache ist: psychologisch ausgedrückt »wir sehen den Mond außerhalb unseres Körpers hinter anderen Körpern schwebend weit draußen im Raume«. Nun aber soll ja der draußen im Raume schwebende Mond die erste Ursache des bewussten Mondes sein, ist also identisch mit jenem Monde, der erst durch Vermittelung der von ihm ausgesandten Strahlen ihn erzeugen sollte. Das, was von der Psychologie als erste Ursache aufgefasst wird, ist also ganz identisch mit dem, was diese Wissenschaft als letzte

Wirkung betrachtet. Die Annahme der Doppelexistenz des Mondes. die Annahme also, dass er erstens als wirkliches vom »Ich« unabhängiges Objekt im Raume, zweitens als Bewusstseinsthatsache des an den Leib gefesselten »Ich« vorhanden sei, ist also hinfällig und zwar deshalb hinfällig, weil der Mond auch als Bewusstseinsthatsache des »Ich« nicht anders als räumlich, als im Raume befindlich existieren kann.

§ 32. Diese Erkenntnis, welche sich unabweislich aufdrängte, erzeugte die idealistische Philosophie. Alle idealistischen Philosophen, so verschieden ihre Ansichten sonst sein mögen, sind daher darin einig, dass alle wirklichen Dinge, daher auch alle im Raume befindlichen, nur als Thatsachen des Bewusstseins, als zum »Ich« gehörig existieren. Ein Teil der Philosophen dieser Richtung ließ sich durch gewisse Eigentümlichkeiten der Wirklichkeit, welche weiter unten besprochen werden, davon abhalten, die Existenz vom »Ich« unabhängiger Objekte einfach zu leugnen, und legte ihnen deshalb, da sie in der zeitlichen Welt keine Existenzberechtigung mehr hatten, ein transcendentes Sein bei; so erhalten sie z. B. von Kant den Namen »Ding an sich«. Aber auch die anderen, wie Berkeley und Schopenhauer, welche sich auf die Bewusstseinswelt beschränkten, unterschieden in dieser Subjekt und Objekt, Perzipierendes und Perzipiertes, obwohl in Wirklichkeit nur Objekte und Relationen zwischen denselben enthalten sind. Berkeley und Schopenhauer gaben zwar zu, dass jedes Objekt in seiner konkreten Existenz ein Spezialfall des Bewussten sei, aber das, was man als Einheit des Bewusstseins bezeichnen kann, die Thatsache nämlich, dass jedes wirkliche oder bewusste Ding in Beziehungen zu jedem anderen steht, führte sie ohne weiteres zu der Annahme eines apperzipierenden Subjektes, welches durch seine Apperzeption (Wahrnehmen, Vorstellen), also durch eine Art von Thätigkeit sich untereinander in Verbindung und Beziehung setzt und erst dadurch eine einheitliche Welt, die »Bewusstseinswelt« zustandebringt. Sie übersahen hierbei, dass die Beziehungen zwischen räumlichen Dingen eben in ihrer Räumlichkeit gegeben sind. Die Relationen zwischen räumlichen und nichträumlichen Dingen, sowie jene zwischen nichträumlichen Dingen unter sich sind derart, dass eine Analyse des Zeitbegriffes zur Einsicht in ihr Wesen führen

muss. Dass Berkeley, statt dies zu beachten, ein solches gewisser-
maßen thätiges Subjekt zur Erklärung des Zusammenhanges zwischen den Dingen erfand, ist eine Nachwirkung des alten populären
Subjektsbegriffes, ist die letzte philosophische Konsequenz der
Individualhypothese.

§ 33. So sehen wir, wie psychologische und naturwissenschaft-
liche Weltanschauung, transcendentaler und reiner Idealismus sich
in dem Versuche begegnen, die Schwierigkeiten und Widersprüche
zu beseitigen, welche sich aus der populären Annahme des Gegensatzes zwischen dem an den Leib geknüpften individuellen Subjekte und den von diesem Subjekte unabhängigen Objekten ergeben. Sie alle aber versuchen nur die Sphären beider Begriffe
anders gegeneinander abzugrenzen und überhaupt zu verändern.
Keine unter allen diesen Bestrebungen aber vermochte die populäre
Hypothese so vollständig zu überwinden, dass der Gegensatz oder die
Verschiedenheit zwischen Subjekt und Objekt überhaupt als etwas
in der Wirklichkeit gar nicht Gegebenes erkannt wurde.

§ 34. Zeigt man durch eine Analyse des populären Individualbegriffes und die übersichtliche Darlegung seiner wirklichen
Bestandteile, wo in ihm die metaphysische Hypothese steckt, so
macht man deutlich. dass der Gegensatz zwischen Subjekt und
Objekt überhaupt in der Wirklichkeit selbst gar nicht vorhanden,
sondern nur eine hypothetische Ergänzung derselben ist.

§ 35. Die Erkenntnis, dass die Annahme von dem Gegensatze zwischen Subjekt und Objekt auf der Annahme eines Indivi-
duums. d. h. eines an den Leib geknüpften Subjektes beruht.
bringt uns auf die Vermutung, dass in der eigentümlichen Beschaffenheit resp. in dem eigentümlichen Verhalten des sogenannten
Leibes der erste Anlass zu der Einteilung in Subjekt und Objekt
zu suchen sei. Leiber, welche als Träger eines Subjektes betrachtet
werden, sind in großer Anzahl vorhanden, und ihre Eigenschaften
und Veränderungen sind mannigfaltiger Art, aber keiner bis auf
den sogenannten eigenen Leib, bis auf denjenigen also, welcher
als eigener Träger des »Ich« genannten Subjektes betrachtet wird,
ist genügend von den übrigen Objekten verschieden, um zur Sub-
jektshypothese Veranlassung zu geben. Nur das, was wir unseren
eigenen Leib nennen, hat eine Beschaffenheit und ein Verhalten,

welche es von allen übrigen Dingen aufs wesentlichste unterscheiden; der auf ihm beruhende Subjektsbegriff, das »Ich«, muss daher als der ursprünglichste aller Subjektsbegriffe betrachtet werden.

§ 36. Der sogenannte eigene Leib ist zunächst ein Ausgedehntes unter Ausgedehntem, er ist etwas Räumliches, und da wir gesehen haben, dass etwas Räumliches nur als Teil der wirklichen einzigen Ebene existieren kann, so muss auch der eigene Leib als Ausgedehntes zu dieser Ebene gehören. Es zeigt sich nun, dass einzelne Teile desselben voneinander getrennt in der wirklichen Ebene vorhanden sind. Allen ist Eins gemeinsam, nämlich dass sie stets vom Rande aus in diese Ebene hineinragen. Soll, obwohl sie so in die wirkliche Ebene hineinragen, ohne in ihr unmittelbar aneinander zu grenzen, dennoch zwischen ihnen irgend ein engerer räumlicher Zusammenhang bestehen, so muss dieser notwendigerweise außerhalb der wirklichen Ebene angenommen werden; man muss also zur Konstruktion seines eigenen Leibes zu der auch in so vielen anderen Fällen angewandten Hypothese vom dreidimensionalen Raume greifen. Da nun einzelne Teile des hypothetischen eigenen Leibes sich in einer Weise, wie sie der, welche wir durch das Beispiel von der Zigarrenkiste kennen gelernt haben, entspricht, verändern können, d. h. sich drehen können, so kann man aus ihnen hypothetische dreidimensionale Gebilde von bestimmter räumlicher stereometrischer) Beschaffenheit konstruieren. Da sie alle jedoch, wie bereits erwähnt, vom Rande aus in die Ebene hineinragen, so können sie nur teilweise räumlich bestimmt werden, und man muss sie als Teile eines Zusammenhanges auffassen, welcher sich aus räumlich bestimmbaren und räumlich unbestimmbaren, aus bekannten und unbekannten dreidimensionalen Gebilden zusammensetzt. Die Stücke des Leibes, welche in der wirklichen Ebene vorkommen, sind einerseits: die Vorderseite des Rumpfes nebst Armen und Beinen, anderseits: ein Teil der Augenbrauen und der Nase). Es fordert nun die Frage Beantwortung, weswegen wir überhaupt die in der Wirklichkeit oft getrennten Bestandteile zu einem einzigen dreidimensionalen Gebilde vereinigen,

---

) Letztere sind allerdings nur dann deutlich vorhanden, wenn ein Auge geschlossen ist.

welches wir noch dazu von allem übrigen als etwas ganz Besonderes unterscheiden.

§ 37. Als einer der Gründe für diese Konstruktion ist die relativ hohe Konstanz zu betrachten, mit der diese Teile Bestandteile der wirklichen Ebene sind. Wenn man von einem Zimmer in das andere schreitet, wenn man ein Haus verlässt und in ein anderes eintritt, so verändert sich die wirkliche Ebene in fast allen ihren Bestandteilen, nur die von der Individualhypothese als Teile des Leibes betrachteten Bilder können stets in der wirklichen Ebene vorhanden sein. Nach allen Veränderungen, in den mannigfaltigsten Kombinationen mit allen möglichen anderen Bildern zusammen treten sie auf. Schon dieses Verhalten kann Anlass zu der Annahme geben, dass die beiden Teile der wirklichen Ebene, die sich durch dieses Verhalten vor den übrigen auszeichnen, miteinander in räumlicher Verbindung stehen; denn da, wie im ersten Kapitel gezeigt wurde, die Veränderungen der Ebene auf eine Vielheit von Flächen, auf ein Nebeneinander von Räumen zurückgeführt wurden, so wird durch die Raumhypothese das konstante Verharren·einzelner Teile während der Veränderungen der wirklichen Ebene in ein räumliches Beieinanderbleiben verwandelt. Teile, von denen man annimmt, dass sie räumlich bei einander sind, werden aber als Teile einer bestimmten in sich zurücklaufenden Fläche angesehen. Trotzdem scheint der soeben geschilderte Umstand unzureichend zur Konstruktion des eigenen Leibes als eines dreidimensionalen Gebildes. Zur Ausführung dieser Konstruktion müssen noch andere Anlässe und Hilfsmittel gesucht werden.

§ 38. Das, was die Konstruktion zum Abschluss und zur Vollendung führt, ist das Spiegelbild. Durch zwei Gründe zunächst wird man dazu geführt, die Beziehung zwischen einem Dinge und seinem Spiegelbilde als eine besondere Art der Relationen aus der Gesamtheit derselben auszusondern. Erstens durch die Ähnlichkeit zwischen dem »Gegenstande« und seinem »Spiegelbilde«, zweitens durch die Gleichartigkeit aller ihrer Veränderungen; durch sie wird man in den Stand gesetzt, gewisse Teile der wirklichen Ebene als Spiegelbilder anderer Teile derselben anzusehen. So werden dann auch gewisse Teile gefunden, welche als Spiegelbilder jener Teile zu betrachten sind, die als empirische Bestand-

teile der Konstruktion des hypothetischen, dreidimensionalen Gebildes »eigener Leib« zu Grunde liegen. Während diese Teile
selbst aber alle vom Rande aus in die wirkliche Ebene hineinragten,
sodass ihre Fortsetzung und die Verbindung zwischen ihnen nur
mit Hilfe der metaphysischen dritten Dimension zustandegebracht
werden konnte, so beginnt und endet das Spiegelbild vielfach in
der wirklichen Ebene und steht mit anderen Teilen derselben in
empirischer Verbindung. Die einzelnen voneinander getrennten
Teile des Leibes sind im Spiegelbilde miteinander verbunden;
letzteres zeigt überhaupt die vollkommenste Analogie zu den
Spiegelbildern solcher Gebilde, welche selbst in der wirklichen Ebene
gänzlich abgeschlossen sind, nicht über den Rand derselben hinaus-
reichen. Da nun die Veränderungen, die bei einem solchen
Spiegelbilde möglich sind, den Veränderungen des Gespiegelten
völlig gleichen, so kann man aus den sich verändernden Spiegelbildern, gerade so wie aus anderen sich verändernden Bildern der
wirklichen Ebene, dreidimensionale Gebilde von ganz bestimmter Beschaffenheit begrifflich konstruieren. Nur deshalb, weil man sich,
wie weiter unten gezeigt werden wird, gewöhnt hat, zur Kontrolle
der Dreidimensionalität unausgedehnte Empfindung zu Hilfe zu
nehmen, erkennt man diesen sogenannten Spiegelbildern nicht die
dreidimensionalen Eigenschaften zu, die aus ihrer Veränderung gefolgert werden müssten, und reserviert diese den Dingen, deren
Spiegelbild sie sein sollen. Jedenfalls kann man durch Beobachtung eines Spiegelbildes und seiner Veränderung das Abge-
spiegelte zu einem dreidimensionalen Gebilde konstruieren und
die stereometrischen Eigenschaften dieses letzteren feststellen.

Die dreidimensionale Konstruktion des sogenannten eigenen
Leibes und die Feststellung seiner stereometrischen Eigenschaften
auf Grund seines Spiegelbildes ist nur ein Spezialfall dieses Verfahrens. Zu denjenigen Teilen des Leibes selbst, welche in der
wirklichen Ebene deutlich vorhanden sind, und deren Bewegungen
und wechselseitige Beziehungen Gegenstand der Beobachtung sein
können, wie vor allem Arme und Beine, kann leicht das ihnen
Entsprechende im Spiegelbilde aufgefunden werden; anders verhält
es sich mit jenen Bestandteilen, welche als Teile des Leibes selbst
in der wirklichen Ebene nur undeutlich vorhanden und keinen

wesentlichen Veränderungen unterworfen sind, und welche keinem
Teile des Spiegelbildes besonders ähneln, z. B. das, was von Nase,
Schnurrbart, Oberlippe, Augenbrauen in der wirklichen Ebene vorhanden sein kann. Doch es gibt auch Mittel dafür, solchen Teilen
entsprechende Teile im Spiegelbilde aufzufinden; doch ist dies nicht
möglich ohne Zuhilfenahme unausgedehnter Empfindungen, vor
allem der Tastempfindungen. Um den Einfluss dieser letzteren
auf die Bildung des Individualbegriffes und die Rolle, welche sie
in diesem spielen. eingehender zu erörtern, scheint sich hier der
geeignete Platz darzubieten.

§ 39. In der wirklichen zweidimensionalen Ebene ist stets jeder
Teil irgendwelchen anderen Teilen unmittelbar benachbart. Wir hatten
aber im ersten Kapitel gesehen, wie bei der sogenannten Vorwärtsbewegung des eigenen Leibes in der wirklichen Ebene Veränderungen
vorgehen, durch welche vorher benachbarte Teile voneinander getrennt
und vorher getrennte Teile miteinander vereinigt werden, und dass
man bei der begrifflichen Konstruktion der in sich zurücklaufenden
Fläche nur jene Teile als thatsächlich einander benachbart annahm,
welche bei keiner dieser Veränderungen voneinander getrennt wurden. Wie all ihre Teile überhaupt, so sind auch die Teile der wirklichen Ebene, welche als Teile des hypothetischen eigenen Leibes
betrachtet werden, immer anderen Teilen der wirklichen Ebene
benachbart. Hält man zum Beispiel seine Hand in einiger Entfernung über eine Tischplatte und sieht auf dieselbe hinab, so ist
sie in der wirklichen Ebene von Teilen dieser Tischplatte begrenzt.
Durch Veränderung in der wirklichen Ebene wechselt auch uner-
schöpflich die Begrenzung der zum eigenen Leibe gerechneten Teile,
und es entsteht eine große Anzahl verschiedener örtlicher Lagen
derselben. In einer gewissen Anzahl von Fällen ist die örtliche
Lage von einer sogenannten Tastempfindung begleitet. Aber auch
dann kann unter Umständen die Begrenzung verändert werden,
ohne dass die Tastempfindung schwindet, und die Tastempfindung kann ihrerseits aufhören, ohne dass die Begrenzung sich verändert. Dies soll sogleich durch ein Beispiel deutlicher gemacht
werden. Wir bedienen uns bei derselben der populären Ausdrucksweise, d. h. einer Ausdrucksweise, welche auf Grund der Drei-
dimensionalitäts- und Individualhypothese entstanden ist. Wir be-

dienen uns ihrer jedoch nur, weil uns bis jetzt noch keine rein empirische zu Gebote steht, und ausschließlich zu dem Zwecke, die Vorgänge in der zweidimensionalen Wirklichkeit zu schildern.

Ruht ein Finger auf dem Deckel eines Buches, und man hält über dies Buch zwischen Finger und Auge ein Blatt weißes Papier mit einem Ausschnitte, durch den nichts als der auf dem Buchdeckel ruhende Finger sichtbar ist, so geben Teile dieses Blattes Papier die Begrenzung des Fingers in der wirklichen Ebene ab. Schiebt man nun ein anders gefärbtes Blatt Papier auf dem weißen bis an den Rand des Ausschnittes, so wird dadurch die Umgrenzung des Fingers innerhalb der wirklichen Ebene teilweise geändert, während die von der Individualhypothese durch das Ruhen des Fingers auf dem Buchdeckel erklärte Tastempfindung fortbesteht. Nimmt man anderseits an, weder Finger noch Papier veränderten ihre Lage, und es geschehe überhaupt nichts anderes, als ein Wegziehen oder Fallenlassen des Buches unter dem Finger, so bliebe die durch Teile des weißen Papierblattes gebildete Grenze des Fingers innerhalb der wirklichen Ebene unverändert, und doch hörte die Tastempfindung auf. ebenso wie sie ohne Veränderung in der wirklichen Ebene von neuem beginnen müsste, sobald das Buch wieder von unten gegen den Finger gedrückt würde.

§ 10. Die Vorgänge in der wirklichen Ebene bieten überhaupt an und für sich gar keine Mittel dar, eine bestimmte Regel für Lokalisation der Tastempfindungen respektive für das Abhängigkeitsverhältnis derselben von bestimmten Teilen oder Veränderungen des Ausgedehnten aufzustellen. Weil jedoch der zuletzt geschilderte Fall ein sehr seltener ist, so wird fast immer, wenn während einer Tastempfindung der Finger sichtbar ist, auch das Buch sichtbar sein. In solchen Fällen kann dann der als Buchdeckel bezeichnete Teil der wirklichen Ebene nicht aufhören, an den zum Finger gehörigen anzugrenzen, ohne dass die Tastempfindung aufhört oder einer anderen weicht. Um jedoch eine Regel aufzustellen, welche in zweifelhaften Fällen eine Entscheidung ermöglicht und daher immer eine bestimmte Lokalisation bewirkt, muss man die Hypothese vom dreidimensionalen Raume zu Hilfe nehmen.

Man zerlegt, wie wir gesehen haben, mit Hilfe dieser Hypo-

these die wirkliche Ebene (allerdings im Widerspruche mit der
Wirklichkeit und daher ohne erkenntnistheoretische Berechtigung)
in eine Reihe verschiedene Ebenen und fasst verschiedene gleichzeitig oder nacheinander in der Wirklichkeit anwesende derartige
Einzelebenen zusammen. um sie zur Konstruktion dreidimensionaler
Gebilde zu benutzen. Ist nun bei einer Tastempfindung ein Teil
des eigenen Leibes innerhalb der wirklichen Ebene von einer solchen Ebene begrenzt, und die Ebene verändert sich, ohne dass
die Tastempfindung sich ändert oder verschwindet, in der Weise,
wie sie von der Dreidimensionalitätshypothese als eine Drehung eines
Körpers, welchem die betreffende Ebene angehört, interpretiert wird,
so sind hierbei zwei Fälle zu unterscheiden. Ein Beispiel für den
ersten ist die Drehung des mit dem Ausschnitte versehenen Blattes,
denn sie erfolgt auch bei konstanter Tastempfindung, ohne dass mit
dem darunter befindlichen Finger eine als Drehung zu interpretierende
Veränderung vor sich ginge. Ist dagegen der Finger in der wirklichen Ebene von Teilen des Buchdeckels, auf welchen er ruht,
umgeben, so ist er gezwungen, eine eventuelle Drehung dieses
Buches mitzumachen, falls die Tastempfindung konstant bleiben
soll. Fassen wir nun das Wichtigste aus den letzten, etwas
schwierig zu übersehenden Darlegungen noch einmal zusammen, so
können wir ungefähr das Folgende sagen: ist die Konstanz einer
Tastempfindung davon abhängig, dass ein von der Individualhypothese als Teil des eigenen Leibes bezeichneter Teil der wirklichen
Ebene jede von der Dreidimensionalitätshypothese als Drehung
eines Körpers bezeichnete Veränderung eines an ihn angrenzenden
Teiles der Ebene mitmacht, so wird angenommen, dass er im
dreidimensionalen Raume dem sich drehenden dreidimensionalen
Gebilde unmittelbar benachbart sei, und die Tastempfindung wird
an die Stelle des Raumes verlegt, an welcher nach dieser Annahme der betreffende »Teil des eigenen Leibes« an das andere
Gebilde angrenzt.

§ 11. Nach dieser notwendigen Abschweifung kehren wir zur
Betrachtung des Spiegelbildes zurück. Man halte vor dem Spiegel
stehend irgend einen Gegenstand so, dass der in der wirklichen
Ebene vorhandene Teil des Gesichtes in dieser wirklichen Ebene
an ihn angrenzt, und dass die beim Beginn dieser Lage eingetretene

Tastempfindung nur dann bei einer Drehung dieses Gegenstandes fortbesteht, falls der angrenzende Teil des Gesichtes seiner Bewegung sich anschließt; dann sehe man, was im Spiegel diesem Gegenstande an der betreffenden Stelle benachbart ist; man wird in diesem das Spiegelbild des betreffenden Gesichtsteiles zu erkennen haben. Nachdem man so das Spiegelbild zu allen Teilen der wirklichen Ebene, die als Teile des eigenen Leibes aufgefasst werden, aufgefunden hat, kann man nun die Konstruktion des eigenen Leibes vollenden. Man kann im Spiegelbilde konstatieren, welche unter den dort befindlichen Farben und Formen unlöslich jenen Farben und Formen benachbart sind, welche als Spiegelbilder der in der wirklichen Ebene vorhandenen Teile des eigenen Leibes anzusehen sind. So konstruiert man zunächst das übrige Gesicht, den Hals u. s. w., mit Zuhilfenahme mehrerer Spiegel auch die vorher unkonstruierbaren Teile, wie z. B. den Hinterkopf.

§ 42. Es wurde für einen einzelnen Fall nachgewiesen, wie man mit Hilfe der Dreidimensionalitätshypothese feststellen kann, dass während der Dauer einer bestimmten Tastempfindung ein Teil des Leib genannten Ausgedehnten an irgend ein anderes dreidimensionales Gebilde unmittelbar angrenzt, dass diese Angrenzung mit der Tastempfindung gleichzeitig eintritt und gleichzeitig mit ihr verschwindet. Es ist leicht einzusehen und bedarf keiner besonderen Darlegung, dass in einer großen Zahl anderer Fälle genau das Entsprechende der Fall ist, und dass, wenn überhaupt eine Veränderung in der wirklichen Ebene mit dem Beginn oder Ende einer Tastempfindung zusammenfällt, diese Veränderung so beschaffen ist, dass sie von der Raumhypothese als das Eintreten oder Aufhören eines solchen unmittelbaren Benachbartseins zwischen einem Teile des hypothetischen eigenen Leibes und einem fremden Objekte interpretiert werden muss. Da die Tastempfindung immer gleichzeitig mit demjenigen Zustande eintritt, welcher den Abschluss der betreffenden Veränderung bildet, so nimmt man an, dass dieser Zustand und die Tastempfindung durch eine gemeinsame Ursache veranlasst werden. Das, was regelmäßig vorausgeht, ist aber die Veränderung im Ausgedehnten; sie wird daher nicht nur als Ursache des folgenden Zustandes im Ausgedehnten, sondern auch als Ursache der Tastempfindung betrachtet.

§ 43. So werden denn alle Tastempfindungen als Wirkungen solcher Veränderungen der wirklichen Ebene angesehen, welche als Bewegungen des eigenen Leibes interpretiert werden, und es sind dadurch alle jene Thatsachen der Wirklichkeit, welche man mit dem Namen Tastempfindungen bezeichnet, in ein kausales Abhängigkeitsverhältnis von dem mit Hilfe gewisser Teile der wirklichen Ebene und ihrer Veränderungen konstruierten hypothetischen dreidimensionalen Gebilde »eigener Leib« gebracht.

§ 44. Aber man begnügt sich nicht damit, im Kausalverhältnis zwischen Tastempfindungen und Vorgängen im Ausgedehnten zu konstruieren, sondern man gibt den gänzlich unausgedehnten, also vollkommen außerhalb räumlicher Beziehungen stehenden Tastempfindungen einen Ort im Raume, indem man, weil der mit ihnen notwendig verknüpfte Zustand im Ausgedehnten jedesmal an einen bestimmten Ort des Raumes verlegt werden muss, die Tastempfindung selbst an diesem Orte lokalisiert. Da an jedem solchen Orte, wie wir gesehen haben, ein Glied des eigenen Leibes an ein anderes Objekt unmittelbar angrenzt, so werden die Tastempfindungen an der Oberfläche des eigenen Leibes lokalisiert.

§ 45. Auf diese Weise ist nunmehr der Begriff des eigenen Leibes bereits durch zwei Merkmale bestimmt. Erstens kann er als das hypothetische dreidimensionale Gebilde definiert werden, welchem bestimmte, konstatierbare Teile der wirklichen Ebene angehören, zweitens als die Bedingung und der Ort aller sogenannten Tastempfindungen.

§ 46. Zu diesen beiden Definitionsprädikaten tritt noch ein drittes hinzu. Der eigene Leib wird nämlich auch als Ort der Innervationsempfindungen bezeichnet. Jede durch Beobachtung unmittelbar oder mit Hilfe des Spiegelbildes festgestellte Veränderung von Teilen der wirklichen Ebene, welche als Drehung oder Ortsveränderung von Teilen des eigenen Leibes interpretiert wird, tritt gleichzeitig mit einer ausgedehnten Empfindung auf, welche sich von Tastempfindungen unterscheidet und unter den Begriff Innervationsempfindung fällt. Jede einzelne derartige Veränderung im Ausgedehnten ist auch von einer spezifischen mit ihr allein gleichzeitig auftretenden Innervationsempfindung begleitet. Sowie dies bei den Tastempfindungen geschah, werden auch die Innervations-

empfindungen mit Hilfe der ihnen regelmäßig gleichzeitigen Veränderungen im Ausgedehnten lokalisiert.

Ihre Beziehung zu dem Ausgedehnten unterscheidet sich von
der der Tastempfindungen dadurch, dass sie immer gleichzeitige
Veränderungen im Ausgedehnten sind, dass sie beginnen, wenn eine
solche Veränderung anfängt, und aufhören, wenn ein dauernder
Zustand diese Veränderung beschließt, während die Tastempfindung
gerade erst dann eintritt, wenn eine Veränderung zu Ende ist, und
nur so lange währt, bis an derselben Stelle der Zustand der Ruhe
durch eine neue Veränderung aufgehoben wird. Die Innervationsempfindungen können daher auch nicht an irgend eine bestimmte
Stelle, etwa an die Oberfläche des sich bewegenden Leibesteiles,
verlegt werden, denn sie sind nicht von einer bestimmten Lage
desselben abhängig, sondern von seiner Bewegung; sie werden
daher nur ganz allgemein in dem sich bewegenden Teile des eigenen
Leibes lokalisiert.

§ 17. Ferner trägt die Gleichzeitigkeit der Innervationsempfindungen und der Veränderungen im Ausgedehnten die Schuld
daran, dass zwischen beiden ein Kausalnexus nicht konstruiert
werden kann, sondern dass die Ursache für beide in etwas Drittem
zu suchen ist. Dagegen lassen sich, da jede Veränderung in der
wirklichen Ebene, welche als eine von einem Teile unseres Leibes
ausgeführte Bewegung interpretiert wird, von Innervationsempfindungen begleitet ist, regelmäßige Beziehungen zwischen einer bestimmten Veränderung im Ausgedehnten und einer bestimmten
Innervationsempfindung konstatieren. Zwar braucht, wenn in zwei
Fällen die gleiche Bewegung eines Gliedes stattfindet, dieselbe
nicht beide Male von den gleichen Innervationsempfindungen begleitet zu sein, nämlich dann, wenn die Bewegung in einem Falle
eine sogenannte langsamere, im anderen eine sogenannte schnellere
Bewegung ist. Zwei solche als gleichbezeichnete Bewegungen sind
aber in Wirklichkeit nicht nur in bezug auf ihre Zeitdauer, sondern auch als Veränderungen in der Wirklichkeit voneinander verschieden, wie dies bei der Analyse des Bewegungsbegriffes gezeigt
werden soll. Zwei einander in Wirklichkeit vollkommen gleiche
Leibesbewegungen, die als Veränderungen in der wirklichen Ebene
einander durchaus gleichen, sind auch stets von den gleichen

Innervationsempfindungen begleitet. Umgekehrt aber können einander
gleiche Innervationsempfindungen von ganz verschiedenen Vorgängen
im Ausgedehnten begleitet sein. Man stelle sich z. B. vor einer
Wand auf und halte den Zeigefinger der rechten Hand so, dass er
dieselbe berührt, d. h. dass wir den Thatbestand im Ausgedehnten
als unmittelbares Angrenzen des Fingers an die Wand interpretieren
und eine gleichzeitige Tastempfindung an den Punkt verlegen, an
welchem der Finger an die Wand angrenzt. Wird dann der
Zeigefinger in gerader Linie an der Wand entlang bewegt, d. h.
verändert sich das Ausgedehnte so, dass man eine Berührung des
Fingers mit der Wand als konstant ansieht, und dass die Tastempfindungen, welche während dieser Zeit bestehen, in jedem
Stadium der Veränderung an den jeweiligen Berührungpunkt von
Finger und Wand verlegt werden, so wird diese sogenannte Bewegung des Armes von einer ganz bestimmten Reihe von Innervationsempfindungen begleitet sein. Es kann nun die Strecke
zwischen dem Punkte, an welchem die Fingerspitze beim Beginn
der Veränderung sich befand, und dem, an welchem sie sich nach
Beendigung dieser Bewegung befindet, an der Wand gemessen, d. h.
durch eine Gerade von bestimmter Länge ausgedrückt werden. Mit
Hilfe dieser Messungen kann man feststellen, dass die während
einander gleicher Innervationsempfindungsreihen von dem sich
bewegenden Gliede gezeichneten Geraden einander gleich sind.
Die Generalisation dieser Feststellung ist der Satz, dass die Länge
der von einem sogenannten Gliede des eigenen Leibes zurück-
gelegten Strecke in einem Abhängigkeitsverhältnisse von den Innervationsempfindungen stehe. Nachdem man das Vorhandensein
eines solchen Abhängigkeitsverhältnisses festgestellt hat, sieht man
sich dadurch in den Stand gesetzt, aus der Beschaffenheit einer
Innervationsempfindungsreihe auf die Länge der Geraden zu
schließen, welche durch ihre gleichzeitige Bewegung eines Gliedes
beschrieben wird. In einer der eben geschilderten analogen Weise
wird auch ein Zusammenhang zwischen Innervationsempfindungsreihen und stereometrischen Eigenschaften des hypothetischen Ausgedehnten festgestellt. Wie im ersten Kapitel gezeigt wurde, werden
ohne Zuhilfenahme der Tast- und Innervationsempfindungen ausschließlich auf Grund der Veränderungen in der wirklichen Ebene

dreidimensionale Gebilde von ganz bestimmter stereometrischer Beschaffenheit begrifflich konstruiert. Infolgedessen kann man, sobald z. B. eine von Tastempfindungen begleitete Veränderung im Ausgedehnten als Hingleiten eines Fingers auf der Oberfläche eines dreidimensionalen Gebildes interpretiert worden ist, im stande sein, die stereometrische Beschaffenheit der Fläche, über welche, der Annahme zufolge, der Finger hingeglitten ist, festzustellen. Und da man gleichfalls konstatieren kann, in welcher Weise sich der Finger auf den einzelnen die Fläche bildenden Ebenen resp. auf den von diesen gebildeten Kanten, also wie er sich auf der Fläche überhaupt bewegt hat, so kann in jedem einzelnen Falle die von dem Finger gemachte Bewegung durch eine Linie von ganz bestimmter mathematischer Beschaffenheit ausgedrückt werden. Beobachtet man nun die mit den als Bewegung des Leibes interpretierten Veränderungen der wirklichen Ebene verbundenen Innervationsempfindungen, so findet man, dass einander gleiche Innervationsreihen von solchen Veränderungen der wirklichen Ebene begleitet sind, welche als einander mathematisch gleiche Bewegungen angesehen werden müssen.

§ 48. Indem man in der auf den letzten Seiten geschilderten Weise die Tast- und Innervationsempfindungen in allgemein bestimmbare hypothetische Beziehungen zu den Bestandteilen der wirklichen Ebene und den aus ihnen begrifflich konstruierten dreidimensionalen Gebilden setzte, machte man Tast- und Innervationsempfindungen zu Werkzeugen, welche zur hypothetischen Ergänzung des Ausgedehnten benutzt werden.

Die allgemeine Aussage, durch welche die Tastempfindungen an die Stelle verlegt werden, an welcher ein Teil des eigenen Leibes an ein anderes dreidimensionales Gebilde angrenzt, wird in die nun allerdings naheliegende Behauptung umgewandelt, dass die Bedingung einer Tastempfindung ausnahmslos auf dem Angrenzen eines dreidimensionalen Gebildes an den eigenen Leib, also, da das Konkretere das Abstraktere mitsetzt, in der Existenz eines dreidimensionalen Gebildes beruhe. Infolgedessen wird, wenn eine Tastempfindung eintritt, welche nicht in der wirklichen Ebene lokalisiert werden kann, angenommen, dass ein außerhalb der wirklichen Ebene befindlicher Teil des eigenen Leibes an einen eben-

falls außerhalb dieser Ebene befindlichen. Teil eines anderen dreidimensionalen Gebildes angrenze.

Mit Hilfe der Innervationsempfindungen kann man dann das
betreffende Objekt messen und auch seine stereometrischen Eigenschaften untersuchen, wodurch man wiederum eine Kontrolle für die
Richtigkeit der Aussagen schafft, welche man in betreff der
hypothetischen dreidimensionalen Gebilde auf Grund der Veränderungen in der wirklichen Ebene aufgestellt hat. Da man
festgestellt hat siehe § 47), dass gleichen Innervationsempfindungsreihen gleiche, d. h. durch gleiche Linien darstellbare Leibesbewegungen entsprechen, so schließt man nun, dass auch in Fällen,
in welchen die Innervationsempfindungsreihe nicht als abhängig
von irgend einer Veränderung in der wirklichen Ebene angesehen
werden kann, doch die gleiche Bewegung stattfände wie bei allen
gleichen Innervationsreihen. Ist dann diese Innervationsreihe von
Tastempfindungen begleitet, welche, wenn sie von Veränderungen
in der wirklichen Ebene begleitet sind, an die Grenze zwischen
dem sich bewegenden Teile des Leibes und einem dreidimensionalen
Objekte verlegt werden, so schließt man aus der Beschaffenheit der
Innervationsempfindungsreihen auf die stereometrischen Eigenschaften
desjenigen Objektes, dessen Existenz man aus den gleichzeitigen
Tastempfindungen folgert.

§ 49. Dadurch, dass man durch Tast- und Innervationsempfindungen zu der Annahme geführt wird, dass stereometrisch
näher bestimmbare dreidimensionale Gebilde vorhanden seien, deren
Oberfläche ganz und gar außerhalb der wirklichen Ebene liege, so
drängt sich nun das Problem auf, welches die Bedingungen seien,
unter welchen Teile eines dreidimensionalen Gebildes in der wirklichen Ebene vorhanden sein können. Die Beantwortung dieser
Frage verlangt eine weitere Herleitung.

§ 50. Es wurde im ersten Kapitel gezeigt, wie die Veränderungen in der wirklichen Ebene, welche einer sogenannten
Achsendrehung des eigenen Leibes entsprechen, zur Bildung der
metaphysischen Hypothese von der in sich zurücklaufenden Fläche
benutzt werden. Es ziehen bei dieser Veränderung, wie wir sahen,
die Bilder von der einen Seite zu der anderen durch die wirkliche
Ebene dahin, die regelmäßige Wiederholung gleicher Bilder in fest-

stehender Reihenfolge war es, was zur Identifikation der gleichen
Bilder und so mittelbar zur Hypothese von der in sich zurücklaufenden Fläche führte. Wenn wir nun diese Veränderung der
wirklichen Ebene noch einmal betrachten, so finden wir, dass diejenigen ihrer Teile, welche zugleich als Teile des hypothetischen
dreidimensionalen Gebildes »eigener Leib« angesehen werden, die
einzigen sind, welche den Durchzug durch die wirkliche Ebene
nicht mitmachen. sondern ihren Ort am Rande der Ebene behalten
und höchstens kleine Verschiebungen und Veränderungen erleiden.
Da man nun annimmt, dass die über den Rand verschwindenden
Teile der wirklichen Ebene nicht aufhören zu existieren, sondern
vielmehr als Teile einer in sich zurücklaufenden Fläche az in ihrer
konkreten Beschaffenheit fortbestünden und innerhalb dieser Fläche
den ihnen in der wirklichen Ebene nachrückenden Bildern konstant
benachbart seien, so bleibt für die zum eigenen Leibe gerechneten
während der ganzen Veränderung in der wirklichen Ebene ver-
harrenden Teile kein Platz in der in sich zurücklaufenden Fläche
az. Sie müssen also notwendigerweise einer anderen Fläche angehören. Wie diese Fläche als eine der Flächen, welche andere
einzelne Objekte formieren, gleichartig mit Hilfe des Spiegelbildes
konstruiert wird. wurde bereits gezeigt. Es handelt sich nun noch
darum, zu erfahren. in welcher Weise es ermöglicht wird, etwas
über die Lage dieser Fläche zu der anderen aus den durch die
wirklichen Ebenen dahinziehenden Bildern konstruierten Fläche az
auszusagen. Die Antwort auf dieses Problem lautet: »mit Hilfe
der Tast- und Innervationsempfindungen.« Stets (solange wir das
Fliegen noch nicht gelernt haben) sind Tastempfindungen in der
Wirklichkeit vorhanden, welche wir in der § 45 geschilderten Weise
zu lokalisieren vermögen, d. h. wir können stets einen bestimmten
Teil der wirklichen Ebene, welcher mit Hilfe der Raumhypothese
für die Oberfläche eines bestimmten dreidimensionalen Gebildes
ausgegeben wird. aufzeigen, welchen wir mit Hilfe der Tastempfindung als einen Teil des eigenen Leibes unmittelbar benachbart
konstatieren können. Diese als dem eigenen Leibe unmittelbar benachbart angesehenen Teile der wirklichen Ebene sind selbstverständlich Teile der hypothetischen Fläche az. resp. der dieselben
bildenden Teile hypothetischer dreidimensionaler Gebilde. Es

4*

ist nun eine große Zahl verschiedener Thatbestände möglich, in
deren jedem anderen Teile der Fläche az als dem eigenen Leibe
unmittelbar benachbart betrachtet werden müssen. Die Veränderungen, die den Übergang von einem solchen Zustande zu
einem beliebigen anderen bilden, sind meist von Innervationsempfindungen begleitet (vor allem dann, wenn sie in sogenannten
»willkürlichen Bewegungen des eigenen Leibes« bestehen). Wie wir
oben gesehen haben, schließt man aus der Beschaffenheit der Innervationsempfindungsreihen auf die Länge der Geraden, welche
den Punkt, an welchem das Glied am Anfange der von Innervationsempfindungen begleiteten Veränderung sich befand, mit demjenigen
Punkte verbindet, an welchem es sich nach Abschluss dieser Veränderung befindet. Man kann infolgedessen aus den Innervationsempfindungen alle kürzesten Verbindungen zwischen je zwei Punkten
der hypothetischen Fläche az feststellen. Es zeigt sich hierbei,
dass diese kürzesten Verbindungen zum großen Teile nicht in die
Fläche selbst fallen. Hierin nun zeigt sich von neuem eine Analogie zwischen in sich zurücklaufenden Flächen einerseits und in
sich zurücklaufenden Linien anderseits.

§ 51. Wie überhaupt, so braucht man auch hier die Analogie,
um aus empirisch feststellbaren Eigenschaften der Linie bestimmte
Eigenschaften von den Flächen auszusagen. Bei in sich zurücklaufenden Linien fallen die kürzesten Verbindungen zwischen zwei
ihr angehörigen Punkten entweder teilweise oder ausnahmslos in
den von der Linie umschlossenen Teil der Ebene. Daher sagt
man analog von der in sich zurücklaufenden Fläche az, dass
mindestens ein Teil der kürzesten Verbindungen zwischen je zwei
ihr angehörigen Punkten in den von ihr umschlossenen dreidimensionalen Raum falle. Infolgedessen muss angenommen werden,
dass bei einem Teil jener Veränderungen in der wirklichen Ebene,
welche als eine Bewegung unseres eigenen Leibes innerhalb der
kürzesten Verbindung zwischen zwei Punkten der Fläche az interpretiert wurden, der »eigene Leib« sich innerhalb der Fläche az
befinde. Durch einen anderen Analogieschluss kann weiterhin
festgestellt werden, dass der Ort des eigenen Leibes nicht nur in
einzelnen, sondern in allen Fällen innerhalb der in sich zurücklaufenden Fläche az angesetzt werden muss. Ein Punkt, der in

der wirklichen Ebene mit jedem Punkte einer in sich zurücklaufenden Linie durch eine Gerade verbunden werden kann, welche
keinen anderen Punkt der betreffenden Linie berührt oder schneidet,
befindet sich innerhalb des von der Linie umschlossenen Teiles der
Ebene. Wir sahen, dass gewisse Veränderungen in der wirklichen
Ebene als Bewegungen »des eigenen Leibes« respektive eines seiner
Teile interpretiert werden. Unter diesen Veränderungen, deren
mögliche Anzahl unermesslich ist, befinden sich auch solche, welche
als direkte, geradlinige Bewegungen eines Leibesteiles ausgelegt
werden. In allen Flächen, in welchen der Leib Bewegungen der
letztgenannten Art zu jedem beliebigen Punkte der Fläche hin ausführen kann, ohne einen anderen Punkt der gleichen Fläche zu
berühren oder zu schneiden, verhält er sich zu der Fläche so, wie
ein innerhalb einer planimetrischen Figur gelegener Punkt zur
Peripherie der Figur. Der Analogieschluss führt daher zur Behauptung, dass in dem besprochenen Falle der eigene Leib sich
innerhalb des von der betreffenden Fläche az eingeschlossenen
Raumes befinde, dass dieselbe ihn umgebe *.

§ 52. Wenn man dieses Ergebnis mit dem in § 50 dargelegten
zusammenhält, so wird man verstehen, auf welche Weise der eigene
Leib in den von der Fläche az umschlossenen Raum versetzt wird.
Die hierbei verwandte Analogie findet nun wiederum ihre Bestätigung in anderen Thatsachen der Wirklichkeit. Befinden wir uns
z. B. in einem von niedrigen Mauern umgebenen quadratischen
Garten unmittelbar neben einer in demselben stehenden Statue und
betrachten später diesen Garten von einem hoch und steil über
demselben gelegenen Orte, so erscheint der von den Mauern um-
gebene Platz nunmehr als eine quadratähnliche Figur in dem umgebenden Lande und die Statue als etwas, das sich innerhalb dieses
Quadrates befindet.

*) Anmerkung. Da man nicht nur eine einzige in sich zurücklaufende
Fläche aus den Veränderungen der wirklichen Ebene konstruiert, sondern, wie
im ersten Kapitel ausführlich dargelegt wurde, aus Teilen der wirklichen Ebene
selbständige hypothetische dreidimensionale Gebilde formt, so sind außer dem
eigenen Leibe noch andere Gebilde vorhanden, deren räumliche Beziehungen zur
Fläche az festgestellt werden können. Wie leicht einzusehen ist, wird von ihnen
durch dieselbe Methode wie vom eigenen Leibe konstatiert, dass sie sich in dem
von der Fläche az umschlossenen Teile des dreidimensionalen Raumes befinden.

§ 53. So ist nunmehr festgestellt, dass unser eigener Leib
eine in sich zurücklaufende Fläche ist, welche sich innerhalb einer
anderen in sich zurücklaufenden Fläche az befindet. Alle Teile
dieser umgebenden Fläche werden, wie wir im ersten Kapitel gesehen haben, gleichzeitig als Oberflächenteile dreidimensionaler Gebilde aufgefasst, deren andere Oberflächenteile teilweise anderen in
sich zurücklaufenden Flächen $az1$, $az2$ etc. angehören, und es
wird auf diese Weise eine begrenzte Zahl in sich zurücklaufender
Flächen, die alle untereinander räumlich zusammenhängen, konstruiert. Würde daher der eigene Leib den von einer dieser Flächen
umschlossenen Raum verlassen, so würde er in einen von einer
anderen Fläche umschlossenen Raum eintreten. Wie jedes andere
Objekt, so muss auch er immer sich im Raume befinden, von
anderen räumlichen Objekten umgeben sein.

§ 54. Die Entfernung, die ihn von irgend einem dieser umgebenden Gegenstände trennt, kann, wie wir gesehen haben, durch
Innervationsempfindungen gemessen werden. Bei Beobachtung der
Wirklichkeit stellt sich nun heraus, dass zwischen der Entfernung
der einzelnen Objekte von dem eigenen Leib und gewissen empirischen Eigenschaften dieser Objekte ganz bestimmte Relationen
stattfinden. Diese Relationen bestehen darin, dass bei der als
Annäherung des eigenen Leibes an ein Objekt interpretierten Veränderung in der wirklichen Ebene dasjenige Objekt, welchem der
Leib sich nähert, an Ausdehnung innerhalb der wirklichen Ebene
zunimmt, während bei der sogenannten Entfernung das Umgekehrte
der Fall ist. Annäherung eines Dinges an den Leib findet nie
ohne Größerwerden und Entfernung nie ohne Kleinerwerden desselben statt.

§ 55. Die Umkehrung dieses Satzes ist allerdings nicht ohne
weiteres möglich, denn es kann unter Umständen ein Teil der
wirklichen Ebene sich vergrößern oder verkleinern, ohne dass diese
Veränderung als Annäherung des Objektes an den Leib oder als
Entfernung von demselben interpretiert werden könnte. Aber solche
Fälle haben ganz bestimmte Merkmale, an welchen man sie von
den als Entfernungsveränderung zu interpretierenden Vorgängen
in der wirklichen Ebene unterscheiden kann. Um dieses deutlich

zu machen, wollen wir auf ein schon im ersten Kapitel benutztes
Beispiel zurückkommen respektive dasselbe variieren.
Wenn man ein Buch in rotem mit Arabesken verzierten Ein-
bande so vor sich erhebt, dass der obere Deckel desselben dem
eigenen Leibe voll zugekehrt ist und einen Teil des weißen Ofens
bedeckt, so ist der Thatbestand im Ausgedehnten eine rechteckige
Ebene von roter Farbe, allseitig begrenzt von einer weißen Ebene.
Geschieht dann das, was als Annäherung des Buches an den eigenen
Leib zu interpretieren ist, so vergrößert sich das rote Rechteck zum
Nachteile der es umgebenden weißen Fläche, während bei seiner
Umgebung das Umgekehrte der Fall ist. In einem Falle vergrößert
sich also die rote Fläche, im anderen die weiße. Dieser Gleichartigkeit im Verhalten beider Flächen stehen jedoch auch Unterschiede
gegenüber. Denn während bei der Verkleinerung des Rechteckes die
Proportionen zwischen seinen einzelnen Teilen sowie das Verhältnis
des Ganzen zu seinen Teilen die gleichen bleiben und seine Form
sich unverändert erhält, ist bei der weißen Fläche, die es umgibt,
das Entgegengesetzte der Fall. — Wenn vor einer roten Fläche
von der Beschaffenheit des Buchdeckels eine weiße Fläche so gehalten wird, dass nur hinter einem in letzterer befindlichen rechteckigen Ausschnitte ein Teil der roten Fläche sichtbar ist, so
kann das Gesichtsbild, das dadurch entsteht, dem soeben beschriebenen vollkommen gleich sein, solange keine der beiden Flächen
sich verändert. Sobald aber eine Veränderung eintritt, zeigt sich
die Verschiedenheit der beiden Fälle. Während nämlich, wie wir
gesehen haben, in dem zuerst besprochenen Falle die weiße Fläche
sich verkleinert, wenn die rote wächst, und umgekehrt, nehmen im
zweiten Falle beide Flächen gleichzeitig zu und gleichzeitig ab.
Auch noch andere Unterschiede zwischen dem ersten und zweiten
Falle offenbarten sich bei den Veränderungen des Bildes. Wenn
man nämlich den weißen Rahmen dem Auge nähert, so vergrößert
sich derselbe, ohne seine Proportionen zu verändern; die hinter
dem Ausschnitte sichtbare rote Fläche wächst ebenfalls, aber bei
ihr bleibt das Verhältnis der Teile zum Ganzen nicht beständig,
vielmehr bilden die vor Beginn der Bewegung schon vorhandenen
Figuren nun einen weit geringeren Teil der ganzen Fläche. Bei
Entfernung des weißen Rahmens findet selbstverständlich das

Entsprechende statt. Bleibt dagegen die Entfernung des Rahmens, also sowohl seine Größe sowie seine Proportionen unverändert, während die rote Fläche genähert oder entfernt wird, so bleibt die Größe der letzteren konstant, während das Verhältnis zwischen dem Ganzen und seinen Teilen sich verändert.

In jedem Falle wird von demjenigen Teile des sich verändernden Bildes, welcher weder seine Proportionen noch das Verhältnis des Ganzen zu den Teilen verändert, angenommen, dass während der gesamten Veränderungen keiner seiner Teile aus der wirklichen Ebene verschwände, vielmehr meint man, wenn er sich verkleinert, dass das nunmehrige Kleinere dem vorher Größeren identisch sei, und zwar identifiziert man sie auf Grund ihrer großen Ähnlichkeit; denn sie sind nicht nur nach ihrer Form gleichartig, sondern auch in bezug auf ihren Inhalt, z. B. zeigt der rote Buchdeckel in dem Stadium der sogenannten größeren Entfernung genau die gleichen Arabesken wie in dem vorangehenden. Bei demjenigen Teile des sich verändernden Bildes, welcher seinen Inhalt, das Verhältnis des Ganzen zu seinen Teilen respektive auch seine Proportionen verändert, wird angenommen, dass diejenigen Teile, um welche er sich im gewissen Stadium der Veränderung vermindert, thatsächlich aus der wirklichen Ebene verschwänden. Wenn man nun beide Teile des Bildes als Oberflächenteile dreidimensionaler Gebilde auffasst und diese mit Hilfe der Innervationsempfindung in bezug auf ihre Entfernung vom eigenen Leibe untersucht, so findet man regelmäßig, dass dasjenige Objekt weiter vom Leibe entfernt ist, von dessen Teilen behauptet wird, dass sie in den einzelnen Stadien der Veränderung aus der wirklichen Ebene verschwänden, in anderen wieder in ihr erschienen. Außerdem kann in gleicher Weise konstatiert werden, dass diejenigen Teile der wirklichen Ebene, welche bei der Veränderung an Stelle verschwindender Teile treten und von welchen man aussagt, dass sie einem anderen dreidimensionalen Objekte angehören als die verschwundenen, in die gleiche Richtung wie jene von einem Teile des eigenen Leibes verlegt werden müssen.

§ 56. Die Annahme, dass die Sichtbarkeit eines Objektes von seiner räumlichen Beziehung zum »eigenen Leibe« abhängt, drängt zu der Frage, von welchem Teile dieses Leibes speziell sie in Abhängigkeit stehen. Man hatte, wie wir sahen, festgestellt, dass,

damit ein Objekt sichtbar sei, in der Geraden zwischen ihm und dem
Leibe kein anderes Objekt*) sich befinden dürfe. Aber auch in
diesem Falle ist es nicht immer sichtbar, sondern nur dann, wenn
die Gerade vom Auge zu ihnen nicht durch einen anderen Teil
des Leibes führt. Alle Teile des Leibes außer dem Auge sind also
in Beziehung zur Sichtbarkeit anderer Objekte gleichwertig mit
den nicht zum Leibe gehörenden dreidimensionalen Gebilden. Das
Auge allein muss also bei konsequentem Vorgehen als der Teil des
Leibes bezeichnet werden, von dessen räumlicher Beziehung zu
einem anderen dreidimensionalen Gebilde die »Sichtbarkeit« desselben abhängig ist. Die Augen selbst gehören niemals zur wirklichen Ebene und können nur mit Hilfe des Spiegelbildes als Teile
des Leibes konstatiert werden. Von denjenigen Teilen des Leibes
aber, welche Bestandteile der wirklichen Ebene sein können, verschwinden die meisten zeitweise aus derselben. Wie allem übrigen
aus der Wirklichkeit verschwundenen Ausgedehnten wird auch
ihnen eine Fortexistenz in ihrer konkreten Beschaffenheit zugesprochen.

§ 57. Diese allgemeine Beziehung zwischen dem eigenen Leibe
und den anderen Objekten kann in der Form eines Abhängigkeitsverhältnisses ausgedrückt werden; man kann sie nämlich folgendermaßen formulieren: »die Existenz einer irgend einem beliebigen
Objekte angehörenden Fläche in der empirischen Wirklichkeit ist
von der räumlichen Beziehung des betreffenden Objektes zum eigenen
Leibe abhängig.« Da aber alles in der Wirklichkeit vorhandene
Ausgedehnte, wenn man es ohne hypothetische Ergänzung, d. h.
so betrachtet, wie es thatsächlich ist, als Teil der einzigen Ebene
erkannt wird, so macht man, wenn man das Vorhandensein als
empirisches, wirkliches Ausgedehntes für bedingt durch ein Verhältnis zum eigenen Leibe erklärt, das Vorhandensein in der
wirklichen Ebene von dem hypothetischen dreidimensionalen
Gebilde »eigener Leib« abhängig. Man sagt, ein Objekt, welches
weiter vom Auge entfernt ist als ein anderes, welches sich in der
gleichen Richtung vom Auge befindet, sei nicht in der empirischen
Welt, in der Wirklichkeit vorhanden.

---

*) Durchsichtige selbstverständlich ausgenommen.

§ 58. Dies und die aus der Thatsache, dass die zum eigenen Leibe gerechneten Teile konstanter als alle übrigen in
der wirklichen Ebene vorhandenen sind, gemachte Folgerung führt zu
der Annahme, dass das Vorhandensein eines Objektes im Ausgedehnten überhaupt von den Beziehungen dieses Objektes zum Leibe
in höherem Grade abhängig sei, als von seinen Beziehungen zu
anderen Dingen. Diese Annahme aber bildet eine Grundlage des
»Ichbegriffes« und der Annahme vom Gegensatze zwischen »Ich«
und »Nichtich«, zwischen Subjekt und Objekt.

Als man gleiche oder ähnliche Bilder identifizierte und annahm,
dass sie zeitweise in der wirklichen Ebene vorhanden seien, zeitweise sich aber nicht in derselben befänden, behauptete man, dass
sie während ihres Nichtvorhandenseins in der wirklichen Ebene
anderswo als Teile anderer Flächen mit all ihren konkreten Eigenschaften fortbeständen.

Indem man nun aus einer Reihe verschiedener Ebenen, welche
nur teilweise in der wirklichen Ebene sich vorfanden, hypothetische
dreidimensionale Gebilde konstruierte, fasste man jeden Teil der
wirklichen Ebene als einen Oberflächenteil dreidimensionaler Gebilde
(in sich zurücklaufender Flächen) auf, mit dessen übrigen Ober-
flächenteilen sie in unveränderlichen räumlichen Beziehungen stün-
den. Daher schreibt man ihnen, während sie aus der wirklichen
Ebene verschwunden sind, nicht nur eine Fortexistenz in ihrer
konkreten Beschaffenheit als Flächen von bestimmter Gestalt und
Größe zu, sondern man behauptet auch, dass sie als ein bestimmter
Teil eines dreidimensionalen Gebildes und in unveränderter Beziehung zu dessen übrigen Teilen weiter bestünden. Auf diese
Weise macht man die hypothetischen dreidimensionalen Gebilde
und all ihre Teile, alles zu ihnen Gehörige zu etwas, was unbe-
kümmert um alle Veränderungen der wirklichen Ebene gleichmäßig
fortbesteht. Ihre konkrete Existenz ist also etwas Dauerndes, Fest-
stehendes *), welches seine räumlichen Beziehungen zu anderen
Gebilden zwar ändern kann, aber dadurch selbst keine wesentliche
Veränderung erleidet. Wir haben aber gesehen, dass das Vor-

---

* Es wird hierbei selbstverständlich von sogen. chemischen, physikalischen,
mechanischen Veränderungen dreidimensionaler Gebilde abgesehen.

handensein eines Oberflächenteiles dreidimensionaler Gebilde in der
wirklichen Ebene von der örtlichen Beziehung des betreffenden Gebildes zu dem »eigenen Leibe« abhängig gemacht wurde. Durch
den Eintritt in die wirkliche Ebene aber kommt zu den Eigenschaften
des eintretenden Teiles eines dreidimensionalen Gebildes offenbar
etwas hinzu, denn es ändert, wenn es in die wirkliche Ebene eintritt, nicht nur seine räumlichen Beziehungen zu anderen räumlichen Objekten, also auch zum eigenen Leibe, sondern es unterscheidet sich durch sein Vorhandensein in der wirklichen Ebene
von allen nicht in dieser vorhandenen. Nur über etwas in der
wirklichen Ebene vorhandenes Ausgedehntes kann etwas empirisch
ausgesagt werden, und alles, was über ausgedehnte Gebilde, die sich
ganz außerhalb der wirklichen Ebene befinden, behauptet wird, ist
aus der Beschaffenheit der in ihr anwesenden erschlossen.

Alle diese Konsequenzen der Hypothese vom dreidimensionalen
Raume werden von den schon im Besitze dieser Hypothese befindlichen naiven Menschen gezogen. Das, was bei Eintritt in die
wirkliche Ebene zu den übrigen Eigenschaften dreidimensionaler
Gebilde hinzukommt, bezeichnet er als »Gesehenwerden«; von den
hypothetischen dreidimensionalen Gebilden, als deren Oberflächenteile er in der wirklichen Ebene vorhandene Bilder auffasst, sagt
er: »ich sehe sie.« Die übrigen dagegen kennzeichnet er durch das
negative Urteil: »ich sehe sie nicht.«

§ 59. Wie § 48 ausgeführt wurde, kann man die Existenz
»nichtgesehener Objekte« durch bestimmte Methoden konstatieren,
nämlich durch Benutzung der Tastempfindungen, und man kann
ferner die stereometrischen Eigenschaften solcher nur auf Grund
der Tastempfindungen angenommener dreidimensionaler Gebilde mit
Hilfe der Innervationsempfindungen feststellen. Ebenso nun, wie
man von diesen Gebilden bei ihrem »Eintritt in die wirkliche
Ebene« aussagte, dass sie »gesehen«, »sichtbar« würden, muss man,
wenn man sie durch Tastempfindungen zu konstatieren annimmt,
für betastet, tastbar ausgeben. Wird nun die Sichtbarkeit eines
dreidimensionalen Gebildes als eine zeitweise zu den übrigen hinzukommende Eigenschaft desselben betrachtet, so muss das Gleiche
mit seiner »Tastbarkeit« geschehen. Ein dreidimensionales Gebilde
kann jedoch zuweilen nur gesehen, zuweilen nur getastet sein; in

beiden Fällen aber müssen ihm die gleichen stereometrischen Eigenschaften zugesprochen werden. Auch seine Beziehungen zu den übrigen dreidimensionalen Gebilden können in beiden Fällen die gleichen sein, nur die Beziehungen zum »eigenen Leibe« unterscheiden den ersten Fall vom zweiten. Im ersten Falle ist eine bestimmte Beziehung zum Auge, im zweiten sind Beziehungen zu anderen Teilen des »eigenen Leibes« festzustellen.

§ 60. Hierdurch nun wird die Auffassung nahegelegt, dass dasjenige, was zu den Eigenschaften dreidimensionaler Gebilde bei ihrem Sichtbarwerden, also bei ihrem Eintritt in die wirkliche Ebene. ebenso wie das, was bei ihrem Tastbarwerden zu demselben hinzukommt, gar nicht diesen dreidimensionalen Gebilden, sondern dem eigenen Leibe angehört, eine Eigenschaft dieses letzteren nicht eine Eigenschaft der durch Tasten und Sehen konstatierten dreidimensionalen Gebilde sei. Da wir nun aber die Eigenschaft dreidimensional als eine hypothetische. nicht wirkliche, die sogenannte Sichtbarkeit, d. h. das Vorhandensein in der wirklichen Ebene dagegen als die einzige wirkliche erkannt haben, so sehen wir ein, dass man den Dingen ihre empirische, wirkliche Existenz überhaupt abspricht und sie nur als hypothetische Gebilde fortbestehen lässt, wenn man ihnen das Gesehene, die Farbe, ihre konkrete Beschaffenheit als Teil der wirklichen Ebene abspricht. Dies geschieht mit den anderen Dingen; was aber den eigenen Leib anbetrifft, so wird er dadurch, dass man die empirischen Eigenschaften anderer Dinge in ihn hineinzieht, nicht nur erweitert oder bereichert, sondern er beschließt infolgedessen die ganze Wirklichkeit, ist mit der Realwelt identifiziert. Hiermit ist nun zuerst der Gegensatz zwischen Subjekt und Objekt geschaffen, und in dieser populären primitiven, unentwickelten Form der Theorie vom »Ich« und der Außenwelt ist alles empirisch Gegebene, alles Wirkliche dem »Ich«, dem Subjekte zuerteilt, während alles zum »Nichtich« Gehörige, alle Objekte nur hypothetische Merkmale, nur eine hypothetische Existenz besitzen.

§ 61. Das Hineinbeziehen empirischer, wirklicher Thatsachen in den eigenen Leib und die dadurch gegebene Unterscheidung zwischen »Ich«.und »Nichtich« ist der eigentliche Ausgangspunkt der verschiedenen Hypothesen, welchem die Annahme eines Gegensatzes

zwischen Subjekt und Objekt überhaupt zu Grunde liegt. Von dieser
populären Unterscheidung sind die Erwägungen ausgegangen, welche
zum Spiritualismus, Pantheismus, Materialismus und Idealismus
geführt haben. Alle diese Theorien glauben die Schwierigkeiten,
Widersprüche und offenbaren Irrtümer, welche sich bei kritischer
Betrachtung der Hypothese von der Zugehörigkeit, den empirischen
Eigenschaften anderer Dinge zum eigenen Leibe ergeben, zu beseitigen und eine Erklärung der Welt, des Wesens und Zusammen-
hangs aller Dinge zu geben. welche den Thatsachen der Wirklichkeit vollkommen gerecht werde. Dass überhaupt ein Gegensatz
zwischen »Ich« und »Nichtich« vorhanden sei, halten sie für eine
Thatsache der Wirklichkeit, für etwas Sicheres, Gegebenes, anstatt
die Wahrheit zu bemerken, dass die Annahme dieses Gegensatzes
das hypothetische Resultat hypothetischer Voraussetzungen ist.

Zu zeigen, wie sie infolge dieses Grundirrtums alle bloß Konsequenzen, Modifikationen der soeben dargelegten Popularhypothese
von dem Gegensatze des individuellen, an den Körper geknüpften
»Ich« zu den Objekten der Außenwelt sind, dafür scheint schon
hier der geeignete Ort zu sein. Dem ist aber in Wirklichkeit
nicht so, denn die Ableitung und Kritik dieser verschiedenen
Hypothesen setzt die Kenntnis mehrerer bis jetzt noch nicht be-
sprochener Begriffe voraus. Es werden nämlich von den betreffenden
Theorien zahlreiche Begriffe, welche thatsächlich eine Reihe metaphysischer Elemente enthalten, als rein empirische Begriffe betrachtet
und demgemäß verwendet. Zu diesen Begriffen gehören außer dem
bereits eingehend kritisierten Raumbegriffe auch der Zeitbegriff,
den wir bis jetzt nur teilweise analysiert haben, und mehrere noch
gar nicht ins Auge gefasste Begriffe, wie »Substanz« und »Wirkung«.
Vor der Analyse verschiedener Subjekt- und Objekt-Theorien muss
daher zunächst die Untersuchung des Zeitbegriffes vollendet und
die der übrigen den Theorien zu Grunde liegenden metaphysischen Begriffe in Angriff genommen werden.

§ 62. Ehe wir jedoch zu diesen Darlegungen, welche den
Inhalt des zweiten Kapitels bilden, vorschreiten, müssen wir die
Hypothese von der Unendlichkeit des Raumes noch einmal und
zwar mit Rücksicht auf die zu ihrer Begründung üblichen Argu-
mente einer Prüfung unterziehen. Es war am Schlusse des ersten

Kapitels. als die hypothetische Unendlichkeit des Raumes auf die
empirische Thatsache der unbegrenzten Variabilität in der wirklichen
einzigen Ebene zurückgeführt wurde, darauf hingewiesen worden,
dass der übliche Unendlichkeitsbeweis mit den Begriffen »vor« und
»hinter« operiert, welche den Individualitätsbegriff voraussetzen. Erst
hier, nachdem die Entstehung dieses Begriffes geschildert worden
ist, ist der geeignete Punkt für eine Kritik derselben. Der für
die Unendlichkeit des Raumes hergebrachte Beweis argumentiert
etwa folgendermaßen. Nehmen wir an, ein Raum befinde sich in
einer gewissen Entfernung von uns, so kann von demselben entweder angenommen werden, dass sich hinter ihm, d. h in derselben
Richtung von uns aus, aber weiter entfernt, noch ein anderer
befinde, oder dass er selbst der von uns entfernteste aller Räume
sei. Die erste dieser beiden Annahmen beruht auf der Analogie
der gesamten Erfahrung. In jedem Falle nämlich, in welchem
wir ein Objekt in bezug darauf prüfen können, ob es das von
einem bestimmten Orte am weitesten entfernte ist, stellt sich heraus,
dass andere Objekte von dem betreffenden Orte weiter entfernt sind.
Wird dagegen die andere Annahme gemacht, so fehlt nicht nur
diese empirische Bestätigung, sondern man kann auch ihre innere
Unhaltbarkeit nachweisen. Denn als Raum müsste auch der entfernteste allseitig räumlich begrenzt sein. Eine räumliche Grenze
kann aber selbstverständlich nur einen Raum gegen einen anderen
Raum hin abgrenzen. Folglich müsste ein solcher Raum allseitig
von anderen Räumen begrenzt sein, dies aber widerspricht der
Voraussetzung, dieselbe hat sich als hinfällig erwiesen. Dass ein
solcher Beweis von der immanenten Philosophie nicht anerkannt
werden kann, hat seinen Grund darin, dass er mit unempirischen,
metaphysischen Begriffen wie Richtung und Raum operiert.

Auch die Behauptung, dass hinter jedem noch so fern vom
eigenen Leibe befindlichen, räumlichen Dinge noch ein anderes
vorgestellt werden könne, beruht auf der metaphysischen Hypothese
der Dreidimensionalität und der mit dieser Hypothese verknüpften
metaphysischen Konstruktion des »eigenen Leibes« und seiner
Lokalisierung im Raume. Da alles wirkliche Ausgedehnte der
wirklichen einzigen Ebene angehört und daher auch alle wirklich
vorhandenen Teile des hypothetischen eigenen Leibes nur als

Bestandteile eben dieser Ebene existieren können, so ist die größte innerhalb dieser Ebene mögliche Entfernung überhaupt die größte zwischen ausgedehnten Dingen in Wirklichkeit mögliche Entfernung. Auch hier ist es die Variabilität in der wirklichen Ebene, welche mit Hilfe des Begriffes »dreidimensional« als »Unendlichkeit des Raumes« interpretiert wird. Man benutzt, wie wir sahen, gewisse Veränderungen der wirklichen Ebene dazu, diese in einzelne vom eigenen Leibe verschieden weit entfernte Objekte aufzulösen. Wenn nun derjenige Teil, welchen man als den vom eigenen Leibe entferntesten annimmt, fortgenommen und durch einen anderen ersetzt wird, so kann dieser vom Standpunkte der Hypothese aus als näher oder als entfernter vom eigenen Leibe betrachtet werden, in Wahrheit aber ist selbstverständlich auch er ein Teil der wirklichen Ebene.

—

Kapitel 3.
Substanz und Veränderung.

§ 63. Bei den Auseinandersetzungen über den Zeitbegriff am Ende des ersten Kapitels war darauf hingewiesen worden, dass alles Wirkliche überhaupt zeitlich ist, dass aber »das Zeitlichsein«, »die Zeitlichkeit« nicht etwas zu den übrigen Eigenschaften der Dinge Hinzukommendes sei, sondern bloß die abstrakte Zusammenfassung der verschiedenen konkreten Einzeldinge zu einer höchsten begrifflichen Einheit. Wir sahen auch ein, dass infolgedessen »einer bestimmten Zeitart angehören« nichts anderes bedeutet als »einer bestimmten Seinsart angehören«, d. h. »gewisse konkrete Merkmale haben«, und dass man daher, wenn man nur bestimmte Einteilungen der gesamten Thatsachen der Wirklichkeit als Einteilung nach Zeitarten gelten lässt, den Zeitbegriff im zwiefachen Sinne gebraucht, so dass die eine Verwendung desselben der anderen widerspricht.

Dass ein derartiger inkonsequenter Gebrauch eines Begriffssymboles gefahrvoll ist und eine übersichtliche, in sich widerspruchslose Zusammenfassung oder Darstellung der Thatsachen der Wirklichkeit erschwert, kann nicht befremden; dass diese nachteiligen Konsequenzen bei einem Begriffe von der Wichtigkeit des Begriffes zeitlich verwirrend auf die ganze Weltanschauung, das ganze System der Gedanken einwirken muss, erscheint natürlich.

§ 64. Die Verwirrung und Unklarheit wird noch dadurch gesteigert, dass von dem Zeitbegriffe, eben infolge seiner inexakten Verwendung, Prädikate ausgesagt werden, welche dem Zeitlichen in Wirklichkeit gar nicht zukommen, sondern rein metaphysischer hypothetischer Natur sind, jedoch ohne dabei jenen methodischen Wert zu besitzen, welcher den Begriff »dreidimensional« auszeichnet. Diese hypothetischen Prädikate drücken teilweise Relationen aus, teilweise Eigenschaften, aber auch die Eigenschaftsprädikate können, da sie Größenbestimmungen sind, nur in Relation zu anderen Prädikaten dargestellt werden. Zur Klasse der rein relationellen Prädikate gehören alle diejenigen, welche etwas über die Zugehörigkeit eines Dinges zu einer der sogenannten Zeitarten oder in betreff seiner Stellung in der sogenannten Zeitordnung behaupten, z. B. die Prädikate »gleichzeitig«, »früher«, »später«, »gegenwärtig«, »künftig«. — Die andere Klasse dagegen enthält diejenigen Prädikate, welche über die Länge der »Dauer« etwas aussagen.

§ 65. Betrachten wir zunächst die Aussagen über die Zeitart, so zeigt sich zunächst als die wesentlichste die Einteilung in die zwei einander kontradiktorisch entgegengesetzten Gruppen: »gegenwärtige Dinge« und »nichtgegenwärtige Dinge«.

Schon am Schlusse des ersten Kapitels wurde betont, dass man diesen Gegensatz als ursprünglich identisch mit dem Gegensatze zwischen Wahrnehmung und Vorstellung (Nichtwahrnehmung) betrachten muss. An der gleichen Stelle wurde in einer Anmerkung auseinandergesetzt, dass Wahrnehmung und Vorstellung, obwohl psychologische Ausdrücke, hier nicht mit psychologischen Voraussetzungen und infolgedessen mit metaphysischen Elementen gebraucht werden sollten, aber es war dort noch nicht möglich, zu zeigen, dass jedes empirische Ding, jeder wirkliche Sachverhalt entweder dem einen von diesen Begriffen oder dem anderen angehören muss, mit anderen Worten, dass sie kontradiktorische Gegensätze sind, welche die ganze Wirklichkeit in sich beschließen. An demjenigen Punkte der Untersuchungen jedoch, an welchem wir uns jetzt befinden, ist die Erkenntnis dieser Thatsache nahe gerückt. Wir überzeugten uns, dass bei der Bildung der Begriffe »Ich« und »Nichtich« von vornherein alle empirischen wirklichen Thatsachen dem »Ich« zugeteilt werden, während die zum »Nichtich« gehörigen Dinge ein ausschließlich hypothetisches, transcendentes Dasein fristen. Da nun alles bei dieser Einteilung dem »Ich« Zugewiesene von der Psychologie als Wahrnehmung oder Vorstellung bezeichnet wird, so ist der Inhalt dieser Begriffe durchaus identisch mit dem, was wir als wirklich erkannt haben. Daher sind »Vorstellung« und »Vorgestelltes« ebenso wie »Wahrnehmung« und »Wahrgenommenes« je zwei einander identische Begriffe, welche einander zu dem Begriff »Thatsache der Wirklichkeit« ergänzen. Hiermit ist nun die Richtigkeit der Behauptung, dass ein jedes wirkliche Ding, welches nicht Wahrnehmung sei, Vorstellung sein müsse, erwiesen und die Thatsache festgestellt, dass durch diese Begriffe ebenso, wie durch die Begriffe Gegenwart und Nichtgegenwart, die gesamte Wirklichkeit in zwei einander ergänzende Bezirke geteilt wird.

§ 66. Die Hypothesen, in welchen Wahrnehmungen und Vorstellungen und der Unterschied zwischen beiden zur Bildung eines metaphysischen Zeitbegriffes verwendet werden, sind auf das Innigste mit der Hypothese vom dreidimensionalen Raume und von der auf dieser beruhenden metaphysischen Theorie vom »Ich« und »Nichtich« verschmolzen. Wie wir sahen, wird bei der Unterscheidung von Subjekt und Objekt alles Empirische, Wirkliche dem Subjekte zugeteilt, während das Objekt nur die hypothetische Eigenschaft »dreidimensional« erhält. Sowohl alles das, was man als Vorstellung oder Vorstellungsinhalt, wie das, was man als Wahrnehmung oder Wahrnehmungsinhalt bezeichnet, wird als ein Vorgang oder eine Thatsache am Subjekte angesehen. Tritt nun der Fall ein, dass eine Vorstellung einer Wahrnehmung im höchsten Grade ähnelt und sich nur dadurch, dass sie nicht Wahrnehmung ist, von jener unterscheidet, so sagt man, Vorstellung und Wahrnehmung beziehen sich auf gleiche Objekte, d. h. zunächst diejenigen dreidimensionalen Gebilde, deren Existenz, deren stereometrischen Eigenschaften und deren räumliche Beziehungen mit Hilfe der betreffenden Wahrnehmungen resp. Vorstellungen begrifflich

feststehen, seien einander gleich. Ist die Vorstellung der Wahrnehmung nicht nur der Beschaffenheit nach in der geschilderten Weise ähnlich, sondern auch in bezug auf ihre Relationen,
so bezieht man sie nicht nur auf gleiche, sondern auf ein einziges
Objekt. Indem man so von einem dreidimensionalen Objekte annimmt, dass es sowohl einer Vorstellung, wie einer Wahrnehmung
zu Grunde läge, dass sich also beide auf dasselbe bezögen, schafft
man den Substanzbegriff.

Dieses Verfahren, durch welches der Begriff Substanz geschaffen
wird. ist von großer Bedeutung für die Ausbildung eines metaphysischen Zeitbegriffes. Es kann nämlich der Fall eintreten, dass
man einen Teil der Vorstellung a mit einem Teile der Wahrnehmung b identifiziert, weil es demselben der Beschaffenheit und
den Relationen nach ungemein ähnelt, während doch einige der
räumlichen Beziehungen in der Wahrnehmung andere sind als in
der Vorstellung. und zwar derart, dass man jenes hypothetische
dreidimensionale Objekt d, welches man mit Hilfe der Identifizierung
von a und b konstruiert, auf Grund der Wahrnehmung an einem
anderen Orte des Raumes lokalisieren muss, als auf Grund der
Vorstellung. d. h. es tritt ein Fall ein, in dem die Identifizierung
zu der Behauptung drängt, dass ein und dasselbe Ding d sich an
zwei verschiedenen Orten des Raumes befände. Wären nun in der
Wahrnehmung Bestandteile enthalten, welche als jener Ort interpretiert werden müssten, in welchem d sich in der Vorstellung
befände, so müsste man aussagen, dass sich d an einem Orte befände. an welchem es sich nicht befände. Diesen Widerspruch,
eine Konsequenz metaphysischer Hypothesen, drückt man durch
den Satz aus: d befindet sich in einer Zeit an einem bestimmten
Orte. in einer anderen Zeit nicht. Derjenige Ort, an welchem es
auf Grund der Wahrnehmung und als Teil derselben lokalisiert
wird, wird als der Ort bezeichnet, an welchem es sich gegenwärtig.
in der Gegenwart befindet. Der Ort, der auf Grund der Vorstellung für d bestimmt wird, ist der nichtgegenwärtige (vergangene
oder zukünftige Ort des d.

Ein Faktum. das mit dem soeben dargestellten zusammenwirkt, um
den metaphysischen Zeitbegriff weiter zu entwickeln. besteht darin,
dass der »eigene Leib«, welcher mit dem »Ich« dem »Subjekte« identi-

fiziert wird, selbst als ein im Raume befindliches dreidimensionales
Gebilde unter dreidimensionalen Gebilden betrachtet wird. Nehmen
wir nun an, es wäre ein Wahrnehmungsthatbestand und außer diesem
ein Vorstellungsthatbestand wirklich, so kann in beiden der Leib als
wirkliches Ding in Beziehung zu den übrigen räumlichen Dingen
vorhanden sein. Besteht z. B. die Wahrnehmung in einem Zimmer,
die außer dieser Wahrnehmung vorhandene Vorstellung dagegen in
einem Garten, so muss auf Grund der Wahrnehmung dem Leibe
eine bestimmte räumliche Beziehung zu den Wänden und Möbeln
des Zimmers gegeben werden, auf Grund der Vorstellung dagegen
muss der Leib in den Garten versetzt, also in einer solchen Weise
lokalisiert werden, dass diese Lokalisation der auf Grund der Wahrnehmung gemachten widerspricht. Der Leib als Wahrnehmung
und der Leib als Vorstellung werden also an zwei verschiedene
Orte des Raumes versetzt. In jedem der beiden Fälle könnte der
eigene Leib in einer derartigen Beziehung zu ausgedehnten Objekten stehen, dass diese vom Standpunkte der in dem vorigen
Kapitel analysierten Hypothese aus als gesehen resp. als getastet
bezeichnet werden müssten. Die Objekte, von denen dies in dem
Falle gilt, in welchem der Leib auf Grund der Wahrnehmung lokalisiert wird, sind jedoch durchaus nicht identisch mit denjenigen
Objekten, von denen es im zweiten Falle, d. h. wenn der Leib auf
Grund der Vorstellung lokalisiert wird, ausgesagt werden muss. So
sind es in unserem Beispiele im ersten Falle zum Zimmer gehörige
Objekte, im zweiten Falle dagegen zum Garten gehörige. Daraus
muss gefolgert werden, dass ein Ding in der empirischen Welt vorhanden, also wirklich sein kann, welches nicht in der empirischen
Welt vorhanden, also unwirklich ist. Die Ungeheuerlichkeit einer
solchen Behauptung erscheint noch drastischer, wenn man sich
daran erinnert, dass »wirklich« nur der abstrakteste Begriff ist,
durch den alle konkreteren zusammengefasst werden, denn daraus
folgt, das alles Nichtwirkliche, also alles, was in das Gebiet des
kontradiktorischen Gegensatzes zu »wirklich« fällt, auch dem Gebiete
des Kontradiktorischen zu jedem Begriff gehören muss, welcher ein
konkreter Fall des Begriffes »wirklich« ist. Man sieht nämlich,
wenn man dies beachtet, ein, dass die Behauptung, etwas sei
wirklich und nichtwirklich, implizite Behauptungen enthält wie

5*

etwa die. etwas sei ausgedehnt und doch nicht ausgedehnt, etwas
sei blau, es sei aber nicht blau. Anstatt jedoch durch diese Konsequenzen zurückgeschreckt, die gemachten Folgerungen, resp. deren
Voraussetzungen aufzugeben, täuscht man sich ebenso wie in dem
vorhergeschilderten Falle über die Unsinnigkeit des Behaupteten
dadurch hinweg, dass man sie wenig fühlbar macht, indem man
sie mit Hilfe des Zeitbegriffes ausdrückt. Man sagt nämlich, ein
Objekt sei zu einer Zeit gesehen und getastet, d. h. wirklich in der
empirischen Welt vorhanden, in einer anderen Zeit dagegen nicht;
sie seien entweder nur als gegenwärtige Dinge oder nur als nichtgegenwärtige in der empirischen Welt, in der Wirklichkeit anwesend.
Es ist einleuchtend, dass man damit den Widerspruch nicht aufhebt
oder mildert, sondern ihn nur in eine andere Form einkleidet.

Wenn man ihm einen solchen Ausdruck gibt, so bezeichnet
man dasjenige, das nur in der Vorstellung empirisch, wirklich vorhanden ist, von dem man also annimmt, es sei bloß für »den eigenen Leib als Vorstellung« (»den vorgestellten eigenen Leib«)
wirklich, d. h. nur von ihm getastet, gesehen, als nichtgegenwärtig:
das ausschließlich für »den eigenen Leib als Wahrnehmung«
(»den wahrgenommenen eigenen Leib«) empirisch Vorhandene.
Wirkliche dagegen nennt man das Gegenwärtige.

§ 67. In solcher Weise werden an die Stelle der einzigen
Wirklichkeit zwei Wirklichkeitsarten gesetzt, von welchen man
behauptet, dass sie erst zusammen die gesamte Wirklichkeit aus-
machen. In Wahrheit ist der eine dieser Wirklichkeitsbegriffe ganz
gegenstandslos und offenbart sich als eine leere hypothetische Ergänzung der Wirklichkeit. Nur der Begriff »Gegenwärtiges« hat
thatsächlich einen Gegenstand und ist ein empirischer Begriff. Wie
wir sahen, ist nämlich der Begriff »Nichtgegenwärtiges« auf künst-
liche, unberechtigte Weise aus empirischen Thatsachen gefolgert,
indem im Verlaufe dieses Verfahrens von wirklichen Dingen etwas
ausgesagt wurde, das nicht nur der Bestätigung in der Wirklichkeit entbehrt, sondern geradezu in Widerspruch mit derselben steht.
wie z. B. indem man von Teilen der wirklichen Ebene aussagte.
sie seien dreidimensional, oder wenn man von irgend etwas behauptet, es sei blau, aber es sei nicht blau.

§ 68. Den in der begrifflichen Verdoppelung der Wirklichkeit

enthaltenen Widersinn würde man viel leichter und deutlicher erkennen, wenn nicht für die Verwendung des in zwei Zeitarten,
Gegenwart und Nichtgegenwart, eingeteilten Zeitbegriffes ein Verfahren zu Hilfe genommen würde, welches ich als Schematismus
bezeichne. Dieser Schematismus hat eine äußere Ähnlichkeit mit
der Methode, durch welche die Ausbildung des hypothetischen Begriffes »dreidimensionaler Raum« ermöglicht wird. Wie wir im
ersten Kapitel sahen, besteht diese Methode darin, dass die Aussagen über hypothetische Begriffe in Analogie zu richtigen Aussagen
über Thatsachen der Wirklichkeit gemacht werden. Das Verfahren, mit dessen Hilfe man noch weitere Angaben über den
Begriff und über die Begriffe der verschiedenen Zeitarten, der Zeitdauer und Zeitfolge macht, beruht ebenfalls darauf, dass alle aufgestellten Behauptungen anderen Aussagen analog sind; was sie
aber von der Methode, durch die man den dreidimensionalen Raum
konstruiert, unterscheidet, ist der Umstand, dass die zu Grunde
gelegten Aussagen selbst schon metaphysischer Natur sind, sowie
ferner, dass der praktische wissenschaftliche Wert derselben gleich
Null ist, da die mit seiner Hilfe abgeleiteten Aussagen über Zeitliches der Wirklichkeit nicht gerecht werden. Denn wenn man
über Räumliches aufgestellte Sätze vom Zeitlichen aussagt, so ge-
winnt man durch die Kombination solcher willkürlich gebrauchter
Sätze gar keine empirischen Resultate. Das Räumliche ist also in
diesem Verfahren bloß ein Schema, durch welches man zeitliche
Verhältnisse auszudrücken sucht, welche keine wirkliche, sondern
bloß eine hypothetische transcendente Existenz besitzen. Deshalb
muss dieses Verfahren selbst als Schematismus bezeichnet werden.

Diejenige Eigenschaft des Räumlichen, welche man jedem
zeitlichen Thatbestande sowie auch der Gesamtheit aller zeitlichen
Thatsachen beilegt, ist als Eigenschaft ausgedehnt. Mit der
Verwendung dieses Prädikates zu der Bestimmung der Zeit oder
des Zeitlichen steht es in engem Zusammenhang, wenn von zeitlichen
Dingen ausgesagt wird, sie seien an einem Orte, einer bestimmten
Stelle der Zeit. Als ein solcher Ort wird dann die Gegenwart
bezeichnet, während man von etwas Nichtgegenwärtigem aussagt,
es sei an einem anderen Orte der Zeit.

Eine bedeutende Rolle spielt dieser Schematismus bei der

weiteren Ausbildung des Zeitbegriffes, welche in dem nächsten Paragraphen dargestellt werden soll.

§ 69. Während man den Inhalt des Begriffes »Gegenwärtiges«, welcher sich mit unserem Begriffe »empirische Welt« oder »Wirklichkeit« deckt, nicht weiter in verschiedenen Zeitarten angehörige Gruppen zerlegt, sondern annimmt, dass alle gegenwärtigen Thatsachen einer einzigen Zeitart, eben der »Gegenwart« angehören, teilt man das Nichtgegenwärtige in »Vergangenes« und »Zukünftiges« ein. Die wirklichen Unterschiede zwischen Dingen, welche man zu dieser weiteren Zerlegung des Begriffes »Nichtgegenwärtiges« benutzt, sind noch weit weniger deutlich und charakteristisch als der Unterschied zwischen Wahrnehmung und Vorstellung, welcher den Ausgangspunkt für die Einteilung in Gegenwärtiges und Nichtgegenwärtiges bildet. Es sind, da man alles Wahrgenommene in das Gebiet des Begriffes Gegenwart einschloss, selbstverständlich Unterschiede zwischen Vorstellungen. Dieser Unterschied ist dem zwischen Wahrnehmungen und Vorstellungen analog. Wie die Wahrnehmung sich von der Vorstellung durch etwas unterscheidet, das man bildlich als größere Intensität, lebhaftere Färbung bezeichnet, so auch ein Teil der Vorstellungen von den übrigen. Die aus diesen »intensiveren«, »lebhafteren«, »deutlicheren« Vorstellungen in der §§ 25, 26 geschilderten Weise konstruierten, transcendenten Objekte sind es, welche man zuerst unter den Begriff »Vergangenes« vereinigt.

§ 70. Ebenso wie als Veranlassung für die Bildung des Begriffes Vergangenheit, also eines Unterbegriffes zum Begriffe Nichtgegenwart, spielen die soeben geschilderten Unterschiede zwischen wirklichen Objekten auch dadurch eine wichtige Rolle für den Aufbau der herrschenden metaphysischen Weltanschauung, dass durch sie die Theorie vom Zerfallen der Welt in Subjekt und Objekt fortentwickelt und umgestaltet wird. Da nun die durch sie bewirkte Ausbildung der Theorie vom »Ich« und der »Außenwelt« aufs engste mit der Entstehung des Vergangenheitsbegriffes zusammenhängt, so muss sie auch hier mit diesem gemeinsam analysiert werden.

§ 71. In §§ 60, 61 wurde der Nachweis geführt, dass bei der Entstehung der Theorie vom Zerfallen der Welt in Subjekt und Objekt alles Empirische, Wirkliche dem »Ich«, dem Subjekte zugewiesen wird. Die Außenwelt, die Objekte gehören daher nicht der empirischen Wirklichkeit an. Da man ihnen dennoch die Existenz zuspricht, so sieht man sich genötigt, bestimmte Thatsachen der Wirklichkeit, die man als Eigenschaften des »Ich« oder als Vorgänge in demselben ansieht, als etwas aufzufassen, durch das man auf Existenz und Eigenschaften bestimmter Teile der »Außenwelt« schließen kann. Man betrachtet diese wirklichen Thatsachen gleichsam als Zeichen, durch welche sich die verschiedenen dreidimensionalen Objekte dem »Ich« bemerklich machen.

Als solches Zeichen des Vorhandenseins von Objekten, als Anlass oder Hilfsmittel, dieselben begrifflich zu konstruieren, werden jedoch nicht alle Thatsachen der Wirklichkeit verwendet, vielmehr die Wahrnehmungen und diejenigen Vorstellungen, welche die Sprache der Psychologie als Erinnerungsvorstellung bezeichnet.

§ 72. Die hypothetisch Erinnerungsvorstellung benannten Thatsachen der Wirklichkeit, welchen als kontradiktorischer Gegensatz im Gebiete des Begriffes »Vorstellung« der Begriff »Phantasievorstellung« gegenübersteht, sind eben jene, welche die Grundlage für die Konstruktion des Begriffes Vergangenheit bilden.

Ein Thatbestand der Außenwelt, welchen man auf Grund der Erinnerungsvorstellungen annimmt, führt den Namen: vergangener Thatbestand.

Aus dem so entstandenen Begriffe »Vergangenes« wird auf Grund des Raumschemas der Begriff »Vergangenheit« gebildet; wie von allem Zeitlichen überhaupt, wird nämlich von dem Vergangenen behauptet, dass es sich an einem Orte der Zeit befinde. Dieser Ort wird Vergangenheit genannt.

§ 73. Durch Thatsachen der Wirklichkeit wird man veranlasst, von dem Begriffe »Ort des Vergangenen« »Vergangenheit« auszusagen, er sei die Summe vieler verschiedener Orte.

Es fordert nämlich die Thatsache Berücksichtigung, dass unter Umständen mehrere Erinnerungsvorstellungen auf ein und dasselbe dreidimensionale Objekt bezogen werden. Dadurch, dass dies geschieht, wird nicht allein der Substanzbegriff, sondern auch der Begriff Vergangenheit modifiziert. Denn es kann der Fall eintreten, dass auf Grund verschiedener Erinnerungsvorstellungen ein Objekt an verschiedenen Orten des Raumes lokalisiert werden muss, sodass sich schon infolge mehrerer Vorstellungen derselbe Widerspruch ergibt, der, wie wir sahen, durch das Nebeneinander von Wahrnehmung und Erinnerungsvorstellung hervorgerufen wurde. Auch die Behauptung, dass ein Ding zu einer Zeit wirklich, zu einer anderen Zeit nicht wirklich sei, welche gleichfalls durch den Widerspruch von Wahrnehmung und Vorstellung hervorgerufen wurde, kann durch den Widerspruch mehrerer Erinnerungsvorstellungen gegeneinander in gleicher Weise bewirkt werden; denn es können zwei Erinnerungsvorstellungen vorhanden sein, deren eine eine andere Lokalisation des eigenen Leibes fordert als die andere. (Vergleiche § 66 Absatz III.

All dies drängt zu der, dem in § 66 geschilderten Widerspruche ähnlichen Behauptung, dass ein Thatbestand in der Vergangenheit existiere, welcher in der Vergangenheit nicht existiert. Indem man diesen neuen Widerspruch durch die Behauptung ausdrückt, ein Thatbestand sei in einem Teile der Vergangenheit vorhanden, in einem anderen nicht, macht man ihn zum Grunde für die Zerlegung der Vergangenheit; denn durch ihn wird man veranlasst, von derselben auszusagen, dass sie ein Zusammengesetztes, eine Summe von verschiedenen Zeitteilen sei. Da nun, wie § 66 (Absatz II, dargelegt wurde. die Zeit überhaupt als der Ort alles Zeitlichen, mit anderen Worten als die Summe aller Zeitteile angesehen wird, so muss jeder Teil der Vergangenheit zugleich als Teil der ganzen Zeit betrachtet werden, und man muss deshalb annehmen, dass er auch mit der Gegenwart in irgend einer Weise zusammenhänge.

§ 74. Um dem so gewonnenen an sich gänzlich leeren Satze, dass die Zeit die Summe der Zeitteile sei, einen anschaulichen Gegenstand unterzuschieben, benutzt man wiederum den Raum als Schema. Wie man von der Zeit, also der Summe der Zeitteile, das räumliche Prädikat »ausgedehnt« aussagte, so legt man nun auch jedem ihrer Teile diese Eigenschaft bei. Diese Ausdehnung, welche als die spezifisch zeitliche Ausdehnung von Dingen bezeichnet wird, muss als eine zu den übrigen Ausdehnungen dreidimensionaler Dinge hinzukommende betrachtet werden; denn man ist, wie wir sahen, dadurch zu ihrer begrifflichen Konstruktion gedrängt worden, dass sich aus der Annahme dreier Dimensionen, nämlich der beiden empirischen Dimensionen der wirklichen Ebene und der derselben hinzugefügten hypothetischen dritten Raumdimension Widersprüche ergaben.

§ 75. So hat der Begriff Zeit nun allmählich neben seiner empirischen Bedeutung: Bedingung der Wirklichkeit, die hypothetische, metaphysische Bedeutung einer vierten Dimension erhalten. Infolge dieser Auffassung der Zeit als einer Dimension sagt man, dass ein Ding zeitlich nur an zwei Stellen (Punkten) an andere Dinge angrenzen könne. Der Satz vom Räumlichen, welcher als Schema für diese Aussage über Zeitliches dient, ist selbst metaphysischer Natur und lautet: innerhalb einer Dimension kann ein Ding nur von zwei anderen begrenzt werden.

Die empirische Grundlage dieses Satzes bildet das thatsächliche Verhalten der geraden Linien, dieser Repräsentanten einer einzelnen Dimension. Wenn irgend eine gerade Linienstrecke in der wirklichen Ebene vorhanden ist, so kann nur an zwei Stellen, nämlich am Beginn und Ende der Strecke, ein anderer Linienteil an sie angrenzen, so lange jede Dimension außer der Liniendimension unberücksichtigt bleibt; denn jede Gerade, welche an die erste an einem anderen Punkte als an deren Beginn oder Ende anstößt, muss, falls sie nicht mit jener zusammenfallen, also ihre Existenz als selbständige Linie aufgeben soll, in einer anderen Richtung verlaufen, setzt also bereits die Existenz einer zweiten Dimension, d. h. die Existenz einer Fläche voraus.

Was so empirisch von der Linie festgestellt wird, kann mit Hilfe des im ersten Kapitel analysierten metaphysischen Unendlichkeitsbegriffes auch von der Fläche und vom Körper ausgesagt werden. Allerdings kann an einem beliebigen Abschnitt einer Fläche auch innerhalb derselben Fläche eine unbegrenzte Anzahl anderer Flächen angrenzen, an den verschiedensten Stellen ihres Randes kann sie andere Flächenteile berühren; damit dies geschehen kann, sind aber die beiden Dimensionen einer Fläche (Ebene) erforderlich. Da man jedoch feststellen will, wieviel Flächenteile in einer Dimension an einem Flächenteile angrenzen können, so ist es notwendig, die eine der beiden Dimensionen streng auszuschließen. Um dies auszuführen, muss man annehmen, dass die Vergrößerung der aneinandergrenzenden Flächenteile in einer Dimension bereits *in*

infinitum ausgeführt wurde, mit anderen Worten. dass der Flächenteil
in einer Dimension unendlich ausgedehnt ist. Eine solche Fläche
nämlich kann dann nur noch in einer Dimension, in der zur ersten
hinzutretenden zweiten, vergrößert werden. Da sie nur zwei lineare
Ränder besitzt, deren jeder unendlich ist. so können nur an jedem
dieser Ränder andere Flächenteile an sie angrenzen. Würden diese
nicht ebenfalls als in einer Dimension unendliche angenommen, so
würden sie zu verschiedenen Teilen der ersten Fläche in verschiedener
Richtung liegen, also die andere Flächendimension mit voraussetzen.
An jede der beiden unendlich langen Kanten des ersten Flächenteiles
kann daher innerhalb der Fläche nur ein einziger anderer Flächenteil angrenzen. Die Anwendbarkeit des für die Linien empirisch
als gültig festgestellten Satzes, dass an etwas Ausgedehntes einer
Dimension nur zwei andere ausgedehnte Dinge von gleicher Dimensionzahl angrenzen können, ist damit durch Zuhilfenahme des
Unendlichkeitsbegriffes für die Flächen nachgewiesen.

Der Nachweis der Gültigkeit dieses Satzes für den Körper ist
ganz analog zu dem Beweise der Gültigkeit für die Flächen zu
führen, was schon deswegen natürlich erscheint, weil, wie im ersten
Kapitel gezeigt wurde, alle Aussagen über das Dreidimensionale
durch Annahme einer Analogie desselben zu den Verhältnissen
innerhalb der wirklichen Ebene zustandekommen. Es ist daher
überflüssig, denselben hier selbständig zu behandeln. Da man nun.
wie wir festgestellt haben, zu der Bezeichnung der Zeit als einer
Dimension geführt worden ist, so muss man, will man konsequent
bleiben, den Satz aufstellen, dass ein Ding zeitlich nur an zwei
andere Dinge angrenzen könne.

§ 76. Der Satz über das Zeitliche, dessen Entstehung aufzudecken im letzten Paragraphen versucht wurde, ist als Wurzel der
sogenannten Kausalität zu betrachten. Die Kausalität oder das
Kausalgesetz setzt sich aus zwei metaphysischen Sätzen zusammen.
Diese Sätze lauten etwa folgendermaßen:

1. Ein zeitlicher Thatbestand, sofern er nicht uranfänglich und
daher *causa sui* ist, folgt einem anderen zeitlichen Thatbestande
mit Notwendigkeit und ist dann die Wirkung einer außer ihm
liegenden Ursache.

2. Jedem zeitlichen Thatbestande. sofern er nicht unaufhörlich

ist, folgt ein anderer zeitlicher Thatbestand mit Notwendigkeit, sodass jeder zeitliche Thatbestand die Ursache einer Wirkung ist. Diese Sätze sind aber nichts als ein anderer Ausdruck für die Behauptung, dass durch die Setzung der Existenz eines zeitlich begrenzten Dinges die Existenz des vorangehenden wie des nachfolgenden mitgesetzt sei, mit anderen Worten, dass ein jedes zeitliche Ding, resp. sein ausgedehnter zeitlicher Ort x, von zwei anderen zeitlichen Dingen oder Orten y und z begrenzt sei, deren jeder an je einer der beiden zeitlichen Grenzen von x anstoße.

Damit dieser Satz zustandekomme, braucht der im vorangehenden Paragraphen analysierten Hypothese von der Eindimensionalität der Zeit und deren Konsequenz für die Auffassung des örtlichen Zusammenhanges zeitlicher Dinge nichts hinzugefügt zu werden als die Behauptung, dass keine leere Zeit existiere. Dass eine solche Behauptung eine notwendige Konsequenz der metaphysischen Gestaltung des Zeitbegriffes bildet, ist leicht einzusehen. Der Begriff »einzelner Zeitteil« oder »Zeitort« ist auf Grund des Raumschemas gebildet und bedeutet »Ort eines Zeitlichen«. Daraus folgt unmittelbar, dass Zeitliches und Zeit als untrennbar verbunden angenommen werden, dass der Begriff einer Zeit, welche leer, d. h. nicht Ort eines Zeitlichen ist, nicht existiert. Die Reihe der Zeitteile, welche die Zeit bildet, deckt sich mit der Reihe gleicher Dinge, und da infolge der Eindimensionalität der Zeit, wie wir gesehen haben, ein Zeitteil nur an zwei anderen Zeitteilen angrenzen kann, so ist es evident, dass die sogenannte Kausalität eine Konsequenz der weiter oben besprochenen Hypothesen in betreff der Zeit und des Zeitlichen darstellt[*].

Indem man mit Hilfe des Raumschemas die Zeit als Linie betrachtet, kann man von ihr aussagen, dass in ihr zwei Richtungen r und $r1$ zu unterscheiden sind. Infolgedessen liegt irgend ein Zeitteil entweder in der Richtung r oder $r1$ zu einem anderen Zeitteile. Alles was »früher als etwas anderes« »zeitlich vor ihm« genannt wird, verlegt von ihm aus in die eine dieser Richtungen (r); in eben dieselbe Richtung werden die sogenannten Ursachen verlegt. Alles was »später etwas anderes«, »zeitlich nach ihm« genannt wird,

---

[*] Die ebenfalls zum sogen. Kausalgesetz gehörige Behauptung, gleiche Ursachen hätten gleiche Wirkungen, wird erst später §§ 80, 81 erörtert.

verlegt man in die andere Richtung (*r*1); in eben derselben Richtung
werden die sogenannten Wirkungen angeordnet.

Die Begriffe »vor« und »nach«, »Wirkung« und »Ursache« sind
also durch die gleichen Hypothesen und miteinander hervorgerufen.
Ihre Zusammengehörigkeit ist so eng, dass »Ursache« und »unmittelbar Vorangehendes«, — »Wirkung« und »unmittelbar Folgendes«
identifiziert werden müssen. Als Ursache, resp. als Wirkung kann
nicht ein einzelner zeitlicher Thatbestand gelten, welcher mit anderen
Thatbeständen ein und denselben zeitlichen Ort teilt, sondern man
muss alles in einem beliebigen Zeitorte Befindliche dafür ansehen;
denn da die Zeit eindimensional ist, so grenzt zeitlich jedes Ding
an die Gesamtheit aller Dinge innerhalb der unmittelbar benachbarten Zeit. Durch etwas Zeitliches wird also nicht nur irgend
ein unmittelbar Vorangehendes und ein unmittelbar Folgendes
mitgesetzt, sondern die Summe alles unmittelbar Vorangehenden
oder Folgenden.

Dass die Beschaffenheit des sogenannten Kausalgesetzes uns
nötigt, nie ein einzelnes Ding, sondern nur den gesamten Thatbestand irgend einer Zeit (eines Zeitortes, Zeitteiles) als Ursache
oder Wirkung aufzufassen, wird auch dann deutlich, wenn man
verschiedene einzelne Kausalverhältnisse betrachtet. Wird z. B. ein
Geschoss aus dem Rohre eines Geschützes hervorgeschleudert, so
pflegt man als Ursache für das Fortfliegen des Geschosses die Entzündung des Pulvers anzugeben. In der That ist aber damit die
Ursache gar nicht erschöpft: denn hätte z. B. die Kugel ein anderes
spezifisches Gewicht, so würde ihre Flugbahn eine andere sein, oder
wäre das Geschütz aus einer zerbrechlichen Masse und zerspränge
infolgedessen, wenn sich das Pulver entzündet, so würde das Geschoss überhaupt keine Flugkraft erhalten. Nicht die Entzündung
des Pulvers an und für sich, sondern die Entzündung des Pulvers
unter ganz bestimmten Umständen, d. h. der chemische Vorgang
in seinen Beziehungen zu anderen Thatsachen ist als
Ursache zu betrachten. Da nun jeder Thatbestand teils unmittelbar,
teils mittelbar mit allen übrigen zusammenhängt, so bestätigt das
Beispiel, dass als Ursache sowohl wie als Wirkung immer nur
die Gesamtheit alles dessen, was in einem Zeitorte sich befindet,
zu betrachten ist.

§ 77. Das im vorigen Paragraphen analysierte Kausalgesetz, welches der Ausdruck der allgemeinsten Beziehungen zwischen zeitlich verschieden belegenen Thatbeständen bildet, ist zugleich das allgemeinste Gesetz der Veränderung.

Wie wir gesehen haben, beruht die Annahme einer Mehrheit von Zeiten, einer aus Zeitteilen zusammengesetzten Zeit im Grunde auf dem Vorhandensein mehrerer Vorstellungen, aus welchen man verschiedene einander widersprechende Thatbestände der Außenwelt konstruiert. Mehrere einander völlig gleiche Thatbestände führen also niemals zu einer Zerlegung oder Vervielfältigung der Zeit. Wenn man also behauptet, zwei Thatbestände lägen in zwei aneinandergrenzenden Zeitorten, so sagt man damit *eo ipso*, dass diese beiden Thatbestände auch abgesehen von ihrer zeitlichen Differenz sich voneinander unterscheiden. Wenn man nun bei mehreren zeitlich getrennten und außerdem voneinander verschiedenen Thatbeständen annimmt, dass ihnen etwas gemeinsam sei, d. h. wenn man ihnen eine Substanz unterlegt, so bezeichnet man die Beziehungen zwischen ihnen ganz abstrakt als Veränderungen der Substanz.

Damit man den Begriff einer Substanz bilde, ist es, wie wir gesehen haben, Bedingung, dass einander ähnliche Vorstellungen in der empirischen Wirklichkeit vorhanden seien; denn nur dadurch wird man dazu geführt, ihre objektive Verschiedenheit zu leugnen und sie auf ein einziges Ding der Außenwelt zu beziehen. Da nun der Substanzbegriff dem Veränderungsbegriffe zu Grunde liegt, so ist auch der letztere nur dadurch möglich, dass einander ähnliche Vorstellungen wirkliches Dasein besitzen.

Diese Ähnlichkeit zwischen Vorstellungen ist aber nicht allein die Voraussetzung des Veränderungsbegriffes, sondern auch das Prinzip für die Konstruktion von Veränderungen, also für die zeitliche Anordnung der Dinge.

Wenn man eine Reihe von Vorstellungen als die Veränderung einer Substanz auffasst, so nimmt man an, dass die beiden zeitlichen Endpunkte der Veränderungsreihe durch die den zwei unähnlichsten Vorstellungen zu Grunde liegenden Zustände der Substanz gebildet würden. Allerdings gibt es viele Fälle, in welchen man einander

besonders ähnliche Vorstellungen teilweise auf zeitlich weiter
getrennte Veränderungsphasen der Substanz bezieht als einander
ungleich ähnlichere: so z. B. bei den sich regelmäßig wiederholenden, sich gleichsam im Kreise bewegenden Veränderungen.
In solchen Fällen wird man durch die angenommenen Veränderungen anderer Substanzen, also durch die Kombination mit Vorstellungen, die auf andere Substanzen bezogen werden, zu der zeitlichen
Trennung der einander hervorragend ähnlichen Vorstellungen zu
Grunde gelegten Veränderungsphasen genötigt. Man setzt dann
aber die gesamte Veränderungsreihe aus Strecken zusammen, deren
jede in der oben geschilderten Weise auf Grund von Ähnlichkeiten
zwischen Vorstellungen gebildet worden ist. Wenn nun zwei zeitlich aneinandergrenzende Zustände der Welt sehr viele gemeinsame
Bestandteile besitzen, und vielleicht nur ein einziger Bestandteil
des einen von einem Bestandteile des anderen Zustandes sich unterscheidet, so sagt man nur von dem Substanzteile, welcher den voneinander verschiedenen Bestandteilen der einander folgenden
Vorstellungen untergelegt wird, aus, dass er sich verändert habe.
Ist nun bei mehr als zwei einander folgenden Zeitinhalten das Entsprechende der Fall, so unterscheidet sich der Zustand, welcher
dem letzten unmittelbar vorangeht, von den früheren nur durch das
Ergebnis der partiellen Veränderung; diese partielle Veränderung
ist also dasjenige, was ihm zur Ursache des folgenden Zustandes
macht. Wenn z. B. in einem düsteren Raume, in welchem sich
eine Zeitlang nichts verändert hat, ein Streichholz angezündet
wird, so unterscheidet sich der dem Aufleuchten der Flamme unmittelbar vorangehende Zustand nur dadurch von dem früheren,
dass in ihm das Streichholz auf der Zündfläche gerieben wird;
diese Reibung des Streichholzes wird daher als Ursache der Flamme
angesehen. Auch deshalb, weil unter allen möglichen Umständen,
in der verschiedensten Umgebung gerade der Reibung des Zünd-
hölzchens ein Aufleuchten von unbestimmter Art unmittelbar folgt,
so erblickt man speziell in dieser Reibung die Ursache der Flamme.
Ein solches Verhältnis bezeichne ich als das zwischen spezieller
Ursache und spezieller Wirkung.

§ 78. Die in den letzten Paragraphen geführten Untersuchungen
haben deutlich gemacht, welche bedeutenden und zahlreichen

Konsequenzen die Auffassungen der Erinnerungsvorstellungen als
Zeichen von Dingen der Außenwelt, ihre Beziehungen auf Objekte
mit sich führten: die Entstehung des Begriffes Vergangenheit, die
Hypothese von der Eindimensionalität der Zeit, wären ohne sie
unmöglich gewesen. Merkwürdigerweise sind diese Konsequenzen
ihrerseits wieder eine Bedingung dafür, dass Erinnerungsvorstellungen von der Psychologie in anderer Weise als Wahrnehmungsvor-
stellungen auf Objekte bezogen werden.

Obwohl man nämlich alle Erinnerungsvorstellungen ohne
weiteres auf »vergangene Thatsachen« der Außenwelt bezieht, so
rechnet man doch die Erinnerungsvorstellungen selbst zu den
gegenwärtigen Dingen. Denn jene Widersprüche, welche dazu
nötigten, neben der auf der immanenten Philosophie anerkannten
Wirklichkeit: der Gegenwart, andere »Wirklichkeiten«: die Zeiten
der Vergangenheit, anzunehmen, ergaben sich nur aus der Beziehung
der Erinnerungsvorstellungen auf die Außenwelt, betrafen nur die
Objekte. Dafür, die Erinnerungsvorstellungen selbst aus der
primären Wirklichkeit. der Gegenwart hinauszuweisen, lag nicht der
geringste Anlass vor: auch ist vielfach die Ähnlichkeit zwischen
einer Erinnerungsvorstellung und einer Wahrnehmung ungleich
größer als der zwischen zwei Wahrnehmungen oder Vorstellungen
untereinander, und der Unterschied zwischen ihnen ist so gering,
dass es als eine ungeheuerliche Willkür erschiene, die eine einer
anderen Art von Wirklichkeit zuzuweisen als die andere.

Aus der Einreihung der Erinnerungsvorstellungen in die Gesamtheit des Gegenwärtigen folgt, dass Thatsachen der Wirklichkeit,
welche man als gegenwärtige Zustände des Subjektes resp. als gegenwärtige Vorgänge an demselben betrachtet, auf der Vergangenheit
gehörige Thatsachbestände der Außenwelt bezogen werden. »Gegenwärtiger Zustand des Ich« ist aber offenbar identisch mit »Zustand
des gegenwärtigen Ich«: die auf vergangene Thatsachen der Außenwelt bezogenen Erinnerungsvorstellungen müssen also als Thatsachen
des gegenwärtigen Ich, d. h. da man das »Ich« mit dem eigenen
Leibe verbindet, als Thatsachen angesehen werden, welche dem
gegenwärtigen Leib gleichzeitig sind. Da nun gegenwärtiger Leib
nichts anderes bedeutet. als »auf Grund der Wahrnehmung kon-
struierter Leib«, so ist »Thatsache des gegenwärtigen Ich« mit

»Thatsache des auf Grund der Wahrnehmung konstruierten Ich« identisch.

Vergleicht man mit diesem Ergebnisse die Thatsache, dass die Annahme der Existenz vergangener Thatsachen der Außenwelt und die Konstruktion derselben auf Grund der Erinnerungsvorstellungen geschieht, so offenbart sich ein Widerspruch. Der wesentliche Grund für die Annahme vergangener Thatbestände besteht darin, dass man durch die Lokalisation des eigenen Leibes auf Grund von Vorstellungen zu der Annahme genötigt wurde, dass Dinge wirklich und doch nicht wirklich seien, und dadurch zu der Folgerung gedrängt wurde, dass ein Ding vermöge seiner räumlichen Lage sich zwar nicht dem gegenwärtigen (auf Grund der Wahrnehmung konstruierten) Ich bemerklich machen könnte, wohl aber dem vergangenen (auf Grund der Vorstellungen konstruierten) Ich. Nun aber stellen sich die Thatsachen der Wirklichkeit, welche man für Zeichen hielt, durch welche sich die Dinge der Außenwelt dem vergangenen Ich bemerklich machten, als Zustände des gegenwärtigen Ich heraus.

Will man trotzdem die Konstruktion vergangener Thatbestände der Außenwelt aufrecht erhalten, so sieht man sich zu der Hypothese gezwungen, dass Erinnerungsvorstellungen sich in anderer Weise auf Objekte bezögen als Wahrnehmungen. Um eine solche anders geartete Beziehung auf Objekte zu konstruieren, benutzt man das Kausalgesetz. Man sagt, die Erinnerungsvorstellung sei die Wirkung einer vergangenen Wahrnehmungsvorstellung, d. h. wie durch jedes zeitliche Ding überhaupt, so werde auch durch die gegenwärtige Erinnerungsvorstellung die unmittelbar vorangehende Zeit und durch Vermittelung der letzteren jede frühere Zeit mitgesetzt. Dass man nun behauptet, eine durch eine gegenwärtige Erinnerungsvorstellung mitgesetzte frühere Zeit müsse der Ort einer der gegenwärtigen Erinnerungsvorstellung vollkommen ähnlichen Wahrnehmung sein, ist an und für sich eine Willkürlichkeit, dient aber als unerlässliches Mittel, den in den ersten Abschnitten dieses Paragraphen geschilderten Widerspruch zu verhüllen und es möglich erscheinen zu lassen, dass eine Erinnerungsvorstellung indirekt auf einen Sachverhalt der Außenwelt bezogen werde.

Da eine Wahrnehmung immer als Zeichen eines gegenwärtigen

Dinges gilt, so folgt aus der Annahme, dass die Erinnerungsvorstellung des gegenwärtigen »Ich« die Wahrnehmung eines vergangenen »Ich« sei. unmittelbar der Satz. dass alles, was in der
Gegenwart vergangen ist, in der Vergangenheit Gegenwart besitzt,
ein Satz, den man grammatisch folgendermaßen auszudrücken pflegt:
jedes vergangene Ding war einmal gegenwärtig.

Da nun verschiedene Vorstellungen vorhanden sein können,
auf Grund deren einander widersprechende Lokalisationen einzelner
Objekte vollzogen werden müssen. so müssen die Wahrnehmungen,
welche als Ursachen der verschiedenen Erinnerungsvorstellungen
angesehen werden, an verschiedene Orte der Vergangenheit verlegt
werden. Man muss also die vergangenen Thatbestände des »Ich«
und der Außenwelt in verschiedenen Entfernungen von der Gegenwart annehmen. So entsteht auf Grund der Erinnerungsvorstellungen
die Annahme einer Reihe zeitlicher Dinge, resp. zeitlicher Orte,
welche von der Gegenwart aus in einer bestimmten Richtung unbegrenzt verläuft.

§ 79. Da auf Grund des Raumschemas die Zeit als eine
überhaupt, d. h. in ihren beiden Richtungen, unendlich verlaufende Dimension betrachtet wird, so muss man annehmen, dass die
auf Grund der Erinnerungsvorstellung konstruierten »vergangenen«
Zeiten, welche alle in der gleichen Richtung von der Gegenwart
liegen, und zwar in jener Richtung. welche man als Richtung des
Früheren oder der Ursache bezeichnet. nicht die ganze Zeit aus-
füllen, dass vielmehr andere zeitliche Dinge von der Gegenwart aus
in der entgegengesetzten Richtung, in der Richtung des Nachher
oder der Wirkung ebenfalls in unbegrenzter Menge zu suchen sind.
Diese Dinge. welche vorläufig nur als der Lage nach dem Vergangenen entgegengesetzt definiert werden können, bezeichnet man
als die »zukünftigen Dinge«, den zeitlichen Ort derselben als
die »Zukunft«.

Fragt man, ob in der Wirklichkeit Thatsachen vorhanden seien,
auf Grund deren man Zukünftiges in ähnlicher Weise konstruiert,
wie auf Grund der Wahrnehmung das Gegenwärtige, auf Grund
der Erinnerungsvorstellung das Vergangene. so lautet diese Antwort
verneinend.

Alle Thatsachen der Wirklichkeit, welche man nicht zu den

Wahrnehmungen oder zu den Erinnerungsvorstellungen rechnet, gehören in das Gebiet des Begriffes »Phantasievorstellung«. Unter diesen allein könnte man daher überhaupt diejenigen Thatsachen der Wirklichkeit suchen, welche man als Grundlage für die Konstruktion »zukünftiger Dinge« verwendet. Zu einer solchen Konstruktion kann eine Phantasievorstellung nur ebenso gebraucht werden, wie Erinnerungsvorstellungen zu der Konstruktion des Vergangenen, nämlich dadurch, dass sie als Zeichen von Dingen der Außenwelt aufgefasst wird. Nun aber ist es offenbar, dass Phantasievorstellungen zum großen Teil gar nicht als Zeichen, durch welche sich in der Zeit beständige Dinge, d. h. Substanzen (siehe § 66), dem »Ich« bemerklich machen, aufgefasst werden.

Der Grund, aus welchem den Phantasievorstellungen meist keine substanziellen Dinge der Außenwelt untergelegt werden, ist erstens in dem, was man bildlich mit den Ausdrücken »blass« oder »schwach« bezeichnet, in der Undeutlichkeit und dem Mangel an Detail, welcher ihnen meistens eigentümlich ist, zu suchen, vor allem jedoch darin, dass keine Reihen von Phantasievorstellungen vorhanden sind, welche man als die einander ablösenden Stadien einer sich stetig verändernden Substanz auffassen könnte. Denn wie wir sahen, liegt der Konstruktion einer stetigen Veränderung eine Anzahl von Vorstellungen zu Grunde, welche alle einen größeren oder geringeren Grad von Ähnlichkeit untereinander haben, und zwar derart, dass aus ihnen eine Reihe gebildet werden kann, in welcher die beiden am wenigsten ähnlichen Vorstellungen durch eine stetige Reihe von Zwischengliedern verbunden werden. Phantasievorstellungen sind aber meistens ganz vereinzelte, anderen unähnliche Thatbestände. Können aber in einigen Fällen aus einer Anzahl von Phantasievorstellungen Veränderungsreihen einer Substanz konstruiert werden, so sind diese Veränderungsreihen so beschaffen, dass sie mit anderen auf Grund von Erinnerungsvorstellungen konstruierten Veränderungsreihen in keiner Weise vereinbart sind, dass sie nicht in dieselben eingefügt oder übergeleitet werden können. Wenn man eine auf Grund von Vorstellungen konstruierte Veränderungsreihe mit anderen hypothetischen Veränderungsreihen zeitlich in Verbindung zu setzen vermag, so ist man nicht im stande, die Vorstellungen als **Phantasievorstellungen** zu betrachten. Unterscheiden sie sich dabei von jenen Vorstellungen, welche auf Substanzveränderungen bezogen werden, die den ihnen zu Grunde gelegten zeitlich benachbart sind, durch einen geringeren Grad der Lebhaftigkeit und Deutlichkeit, durch welchen sie mehr dem Gebiete der Phantasievorstellungen zugewiesen werden, so tritt jener Fall ein, in welchem man zu sagen pflegt: ich weiß nicht, ob das wirklich geschehen ist, oder ob ich es mir bloß einbilde.

So sehen wir, wie die Phantasievorstellungen vollkommen ungeeignet sind, als Zeichen von Dingen der Außenwelt aufgefasst, auf Substanzen bezogen zu werden. Da aber Vorstellungen nur durch solche Beziehungen auf Substanzen befähigt sind, zur Konstruktion der Zeit beizutragen, so müssen Phantasievorstellungen als hierzu ungeeignet betrachtet werden. Da nun aber gezeigt wurde, dass in keinen anderen Thatsachen der Wirklichkeit als in Phantasievorstellungen Material für den Aufbau der Zukunft gesucht werden kann, so ist es offenbar, dass eine Konstruktion zukünftiger Thatbestände der Welt überhaupt nicht ausgeführt werden kann.

Desungeachtet geschehen thatsächlich **Aussagen** über künftiges Geschehen oder künftige Zustände. Der Ursprung dieser Aussagen ist noch weit komplizierter als die Entstehung der Aussagen über Vergangenes. Es ist nämlich in der Generalisation einer für das Vergangene aufgestellten Regel zu suchen, und setzt daher die Konstruktion der Vergangenheit und die von derselben geltenden Gesetze voraus.

Der Satz, durch dessen Generalisierung Aussagen über Zukünftiges entstehen, betrifft das Kausalgesetz; er lautet: »gleiche Ursachen haben gleiche Wirkungen.«

§ 80. Dieser Satz beansprucht schon deswegen Beachtung und ausführliche Untersuchung, weil er in der Entwickelung der Erkenntnistheorie, also bei der Entstehung der immanenten Philosophie eine der hervorragendsten Rollen gespielt hat. Die Bedenken in betreff der objektiven Gültigkeit dieses Satzes waren es bekanntlich, welche Hume in erster Linie zu seinen Untersuchungen »über den menschlichen Verstand« veranlassten und den bedeutendsten Teil des Inhalts dieser Untersuchungen bilden. Die Schrift Humes ihrerseits war für die philosophische Entwickelung Kants von Bedeutung.

indem sie ihn nach seinem eigenen Zeugnisse aus seinem »dog-
matischen Schlummer erweckte« und dadurch die Kritik der reinen
Vernunft und die Prolegomena hervorrief.

Den Metaphysikern des Mittelalters und der philosophischen
Renaissanceperiode hatte dieser Satz als ein objektives Gesetz des Geschehens gegolten; Hume dagegen behauptet, dass er nichts anderes
als eine aus der Erfahrung abgeleitete Regel sei, während Kant ihn als
eine reine Verstandeskategorie bezeichnet. Schopenhauer endlich, der
sich zuerst in der »Vierfachen Wurzel des Satzes vom zureichenden
Grunde«, später auch in seinem Hauptwerke eingehend mit der
Kausalität beschäftigt, lässt sie allein von allen Kategorien Kants
als berechtigt gelten, indem er sie als die Anschauungsform auffasst,
durch welche alle Veränderungen in Raum und Zeit, also in der
Welt als Vorstellung ebenso ermöglicht würden wie die Existenz
des Körperlichen durch den Raum.

Dass alle diese Auffassungen in Widerspruch zu den Ergebnissen stehen, zu denen die Untersuchungen des vorliegenden Buches geführt haben, kann leicht eingesehen werden. Man braucht
sich nur an das zu erinnern, was in §§ 76, 77 dargethan wurde:
dass das sogenannte Kausalgesetz nichts anderes als eine höchst
komplizierte Hypothese ist.

§ 81. Die in das Wesen des Kausalgesetzes gewonnene Einsicht
beschließt in sich die Erkenntnis, dass auch der Satz: »gleiche
Ursachen haben gleiche Wirkungen« metaphysische Bestandteile hat.
Jedoch nur insoweit ist dieser Satz metaphysisch, wie in ihm die
Begriffe Ursache und Wirkung verwendet werden, da diese Begriffe
eine hypothetische Auffassung metaphysischer Thatsachen enthalten. Indem man nun über das Verhältnis zwischen Wirkung
und Ursache den Satz, welcher im gegenwärtigen Paragraphen analysiert werden soll, aufstellt, fügt man nichts Metaphysisches hinzu,
sondern drückt nur speziell Thatsachen des zu Grunde liegenden
empirischen Materials mit Hilfe der metaphysischen Begriffe Wirkung
und Ursache aus.

Ist nun aber auch festgestellt, dass der Satz, welchen wir hier
untersuchen, nicht ein metaphysischer ist, so folgt daraus durchaus
noch nicht, dass wir ihn als richtig anerkennen müssen: denn er
sagt zwar weder von Ursachen noch Wirkungen etwas aus, wozu

ein Gegenstand in der Wirklichkeit nicht gefunden werden kann,
aber in ihm sind empirische Begriffe zu einer Aussage verknüpft,
welche der Wirklichkeit nicht entsprechen.

Wenn wir die Thatsachen der Wirklichkeit, welche wir zu
dem Inhalte bestimmter Zeitteile machen, in einer Anzahl von
Fällen stets in ihrer Gesamtheit betrachten, so werden wir nicht
zwei Zeitteile von gleichem Inhalte finden. Also solange man nur
den gesamten Inhalt einer einzelnen Zeit als Ursache oder Wirkung
betrachtet, sind überhaupt gleiche Ursachen und Wirkungen nicht
vorhanden. Hierzu ist es vielmehr nötig, in der § 77 geschilderten
Weise nur einen einzelnen Vorgang, den man in eine bestimmte
Zeit verlegt, als Ursache eines einzelnen Vorganges in der unmittelbar folgenden Zeit anzusehen. Thut man dies, so ist es allerdings
möglich, mehrere verschiedenen Zeiten angehörige Thatbestände festzustellen, welche einander gleich sind, welche man also als einander
gleiche Ursachen resp. Wirkungen bezeichnen kann; aber schon in
§ 77 ist gezeigt worden, dass dies eine inkonsequente, falsche Anwendung des Begriffes Kausalgesetz ist.

Das Verfahren, durch welches man mit Hilfe dieser unrichtigen
Auffassung der Kausalität an Beispielen den Satz zu beweisen
sucht, könnte mit dem gleichen Rechte und ganz unverändert auch
zum Beweise der Umkehrung des Satzes verwendet werden, also zu
der Behauptung, dass gleiche Wirkungen gleiche Ursachen hätten.
Bekanntlich jedoch fällt es niemandem ein, das letztere zu behaupten;
vielmehr gilt es allgemein als ausgemacht, dass gleiche Wirkungen
in manchen Fällen verschiedene Ursachen haben. Der Grund
hierfür liegt eben darin, dass zur Feststellung einer speziellen Ursache ein anderes Verfahren als zur Feststellung einer speziellen
Wirkung angewandt wird.

Aus dem Satze, dass gleiche Ursachen gleiche Wirkungen nach
sich ziehen, folgt logisch, dass ungleiche Wirkungen ungleiche Ursachen haben. Diese logische Folgerung ist es vor allem, von der
man durch Beispiele zu beweisen sucht, dass sie den Thatsachen
der Wirklichkeit entspricht. Die Richtigkeit dieser Beweise ist
unbestreitbar. Hält z. B. jemand dem Satze, dass gleiche Ursachen
gleiche Wirkungen haben, die Thatsache entgegen, dass zwei von
gleichen Geschützen mit der gleichen Menge Pulver abgefeuerte,

einander vollkommen gleiche Geschosse, die beide nach einer Flugbahn von bestimmter Beschaffenheit und Größe ein Ziel erreichen,
doch an ihrem Ziele, je nach der Beschaffenheit derselben, verschiedene Wirkungen hervorrufen können, so erwidert man ihm
natürlich mit Recht, dass die Beschaffenheit des Zieles mit zur
Ursache zu rechnen sei. Die Methode, durch welche der Satz bewiesen wird, besteht also darin, dass man in Fällen, in denen die
speziellen Ursachen zweier verschiedenen Wirkungen gleich sind, so
lange andere den speziellen Ursachen gleichzeitige Thatbestände in
die Ursache hineinbezieht, bis die letzteren sich voneinander unterscheiden. Dieses Verfahren muss, wenn es nur genügend ausgedehnt
wird, in jedem Falle dazu führen, den Unterschied zwischen zwei
Ursachen, die anfangs als einander gleich betrachtet wurden, zu
demonstrieren, da zwei Zeitteile mit ganz gleichem Gesamtinhalte,
wie schon im Beginne des Paragraphen bemerkt wurde, nicht vorhanden sind.

Dass eben dieses Verfahren jedoch auch dazu verwandt werden
kann, den Satz: gleiche Wirkungen haben gleiche Ursachen, oder
anders ausgedrückt: ungleiche Ursachen haben ungleiche Wirkungen, zu beweisen, welcher allgemein als unrichtiger Satz aufgefasst
wird, wird ein Beispiel deutlich machen.

Wird irgend ein Gegenstand nach einer bestimmten Stelle geschafft und an dieser niedergelegt, so kann es für die nachfolgende
Lage und die Beschaffenheit des Gegenstandes indifferent sein, von
welcher Seite und in welcher Weise er an den betreffenden Ort
befördert worden ist. Würde man nun behaupten, dies wäre ein
Fall, in welchem gleiche Wirkungen durch verschiedene Ursachen
hervorgerufen werden könnten, so wäre dieser Ansicht entgegen-
zuhalten, dass hier ein zu geringer Teil des unmittelbar folgenden
Zustandes als Wirkung angesehen würde. Wäre nämlich z. B.
in einem Falle der Gegenstand durch ein Fuhrwerk, im anderen
durch einen Träger an seinen Bestimmungsort geschafft worden, so
würden sich nicht nur die Ursachen, sondern auch die Wirkungen
unterscheiden, denn zur Wirkung würden nicht allein die Lage und
die Beschaffenheit des abgelieferten Gegenstandes, sondern auch
Zustand und Ort des Fuhrwerks respektive des Trägers zu rechnen
sein. — Dieses Beispiel möge hier genügen. Durch Konstruktion

und aufmerksame Betrachtungen anderer Beispiele wird jeder. den es interessiert. über die Sache nachzudenken, die Allgemeingültigkeit des hier ausgeführten Beispieles in bezug auf das analysierte Verhältnis zwischen Wirkung und Ursache einsehen.

§ 52. Hat man einmal durch das im vorigen Paragraphen geschilderte Verfahren den Satz aufgestellt, dass gleiche Ursachen gleiche Wirkungen haben. so kann man von einer bekannten Ursache auf die Wirkung derselben schließen, falls man die Wirkung einer gleichen Ursache aus Erfahrung kennt. Dieser Schluss von Ursachen auf Wirkungen wird in erster Linie dazu gebraucht, die Konstruktion des Vergangenen zu vervollständigen; aber auch zur Konstruktion zukünftiger Dinge findet er Verwendung. Da er jedoch in letzterem Falle nicht wie in seiner Anwendung bei dem Ausbau der Vergangenheit zur Ausfüllung von Lücken benutzt wird, sondern das einzige Mittel zur Konstruktion der Zukunft bildet. so müssen die Ursachen, welche als Grundlage für die Aussage über die als ihre Wirkungen betrachteten künftigen Thatbestände dienen, in etwas Nichtkünftigem gesucht werden. Da nun die Zukunft. wie wir sahen, als diejenige bei der Gegenwart beginnende Richtung der eindimensionalen Zeit betrachtet werden muss. welche der Vergangenheit entgegengesetzt ist, also durch die Gegenwart von der Vergangenheit getrennt ist, so kann die unmittelbare Ursache für eine in die Zukunft fallende Wirkung nur in der Gegenwart gesucht werden.

Die Konstruktion zukünftiger Dinge geschieht daher in der Weise, dass Thatsachen der Gegenwart mit Thatsachen der Vergangenheit verglichen werden, bis unter denselben solche aufgefunden werden, die den gegenwärtigen gleich sind, dass man dann die Wirkungen dieser vergangenen Thatsachen aufsucht und mit Hilfe des Satzes: »gleiche Ursachen haben gleiche Wirkungen« in die Zukunft der Wirkungen des Vergangenen gleiche Thatsachen verlegt. So kann man zunächst unmittelbare Wirkungen des Gegenwärtigen, also die nächste Zukunft, weiterhin mittelbare Wirkungen, also die fernere Zukunft, konstruieren.

Bei dieser Konstruktion konnte das Künftige ganz sicher lückenlos konkret und mit allen Details festgestellt werden, falls zwei Bedingungen erfüllt werden. Die erste derselben besteht in

der Möglichkeit, zu jedem gegenwärtigen Thatbestande einen ihm
gleichen vergangenen aufzufinden, dessen Wirkungen bekannt sind;
die zweite in der vollkommenen Kenntnis der Gegenwart, da ja
bei unvollkommener Kenntnis derselben Bestandteile in ihr enthalten
sein müssen, deren Wirkungen bei der Konstruktion der Zukunft
außer acht gelassen werden. In Wirklichkeit wird jedoch weder
die eine noch die andere Bedingung erfüllt. Das Gegenwärtige ist
immer in vielen Punkten von allem Vergangenen verschieden, und
eine vollständige Kenntnis der Gegenwart ist ebenfalls niemals
vorhanden. Da die Richtigkeit der letzten Behauptung weniger
leicht einzusehen ist, als die Richtigkeit der vorhergehenden, so
soll ihr hier eine etwas ausführlichere Begründung zu teil werden.

Wir haben gesehen, dass ursprünglich die Gegenwart auf Grund
der Wahrnehmungen konstruiert wird, dass die Wahrnehmungen
als die Zeichen gelten, durch welche die gegenwärtigen Thatbestände der Außenwelt sich dem »Ich« bemerklich machen. Wir
sahen ferner, dass die Erinnerungsvorstellungen als Wirkungen von
Wahrnehmungen angesehen und dadurch indirekt auf Thatsachen
der Außenwelt und zwar auf vergangene Thatsachen bezogen werden.
Indem man dann gewisse Thatsachen der Gegenwart mit Thatsachen
der Vergangenheit und ebenso Thatsachen einer vergangenen Zeit
mit Thatsachen anderer vergangener Zeiten identifizierte und dadurch den Substanzbegriff bildete, gelangte man dazu, die Verhältnisse zwischen Wirkungen und Ursachen als Veränderungen der
Substanzen aufzufassen. Ist diese Auffassung einmal zu Grunde
gelegt, so werden natürlich alle gegenwärtigen Thatbestände der
Außenwelt als Zustände von Substanzen angesehen, deren frühere
(vergangene) Veränderungsstadien zum Teil durch gegenwärtige
Erinnerungsvorstellungen bekannt sind. Neben diesen Erinnerungsvorstellungen sind aber fast immer auch andere vorhanden, welche
auf vergangene Veränderungsstadien solcher Substanzen zu beziehen sind, deren gegenwärtiger Zustand sich durch keine Wahrnehmung dem »Ich« bemerklich macht. Das Kausalgesetz, als Veränderungen der Substanzen aufgefasst, fordert jedoch, dass diese
Substanzen auch in der Gegenwart fortexistieren, obwohl wir, wie
wir sahen, nichts von ihrem gegenwärtigen Zustande wissen. In
dem gegenwärtigen Zustande dieser Substanzen erkennen wir also

einen Bestandteil der Gegenwart, von dem uns nichts anderes bekannt ist, als dass er existiert. So ist erwiesen, dass auch die zweite der beiden erwähnten Bedingungen für eine vollständige und sichere Konstruktion des Zukünftigen in der Wirklichkeit nicht erfüllt wird.

Als Ergebnis der letzten Untersuchungen ist dennoch die Erkenntnis zu betrachten, dass Zukünftiges nur bruchstückweise, unvollkommen und ohne Gewissheit festgestellt werden kann. Da irgend ein unbekannter Bestandteil der Gegenwart durch seine Wirkung auch die zukünftigen Veränderungsstadien solcher Substanzen beeinflusst, deren gegenwärtiger Zustand bekannt ist, so kann man nicht einmal vereinzelte Bruchstücke des Künftigen in ihrer konkreten Beschaffenheit, sondern nur abstrakt, gleichsam bloß in den Umrissen konstruieren.

§ 53. Die letzten Paragraphen haben die tiefe Verschiedenheit, die zwischen Vergangenheit und Zukunft besteht, deutlich gemacht. Während Vergangenes dadurch konstruiert wird, dass man die Erinnerungsvorstellungen als Wirkungen (Nachwirkungen) ihnen gleicher Wahrnehmungen auffasst und mit ihrer Hilfe diejenigen Thatsachen der Außenwelt unter dem Namen »vergangene Thatsachen« konstruiert, welche man auf Grund jener Wahrnehmungen unter dem Namen »gegenwärtige Thatsachen« konstruieren würde, ist jedes Zukünftige etwas seiner konkreten Beschaffenheit nach Unbestimmtes, von welchem man nichts weiter aussagen kann, als die abstrakten Eigenschaften eines dasselbe enthaltenden Begriffes, welcher seinerseits mit Hilfe des Satzes, gleiche Ursachen haben gleiche Wirkungen, auf Grund gegenwärtiger oder vergangener (hypothetischer) Thatbestände konstruiert wird. Trotz ihrer Verschiedenheit haben Vergangenheit und Zukunft jedoch außer der Thatsache, dass sie beide Strecken der eindimensionalen Zeit sind, manche wesentliche Eigenschaft gemeinsam. So sind sie beide als Zusammensetzungen aus vielen Zeitteilen zu betrachten. Beide grenzen an einer Seite an die Gegenwart und erstrecken sich auf der entgegengesetzten Seite *in infinitum*; auch wird die Gültigkeit des Kausalgesetzes, also die allgemeinste Regel für die Veränderung der Substanzen, für beide gleichmäßig behauptet. Durch alle diese gemeinsamen Eigenschaften unterscheiden sich Vergangenheit und

Zukunft von der Gegenwart, denn da die Gegenwart an beiden
Seiten begrenzt ist, kann sie sich nach keiner Richtung *in infinitum*
erstrecken ; da ferner die auf Grund mehrerer W a h r n e h m u n g e n
vollzogenen Lokalisationen ausgedehnter Objekte niemals einander
widersprechen, so sieht man sich nicht genötigt, die Gegenwart in
einzelne Zeitteile zu zerlegen und als eine Summe solcher Teile zu
betrachten.   Daraus aber folgt unmittelbar, dass mehrere Wahrnehmungen unter keinen Umständen auf mehrere Veränderungsstadien bezogen werden dürfen, dass also in der Gegenwart nicht
Ursache und Wirkung, sondern nur immer eine von beiden vorhanden sein kann.   Da die Zeit als die Summe einzelner Zeitteile,
jeder Zeitteil als der Ort eines zeitlichen Thatbestandes, jeder zeitliche Thatbestand aber als Zustand oder Veränderungsstadium einer
Substanz aufgefasst wird, so ist die Einteilung der Zeit von der
Anzahl der Veränderungsstadien der Substanz abhängig, die ihrerseits wieder auf der Anzahl derjenigen Vorstellungen beruht, welche
widersprechende Lokalisationen irgend eines Objektes veranlassen.
Da jedoch die Zeit als unbegrenzt gilt, so kann die Vermehrung
der Zeitteile, aus denen sie sich zusammensetzt, in doppelter Weise
geschehen. 1. indem die neu hinzutretenden Teile der Gesamtheit
der schon vorhandenen, an einem der beiden Endpunkte der konstruierten endlichen Strecke der Zeit angesetzt werden, 2. indem
Teile der bereits konstruierten Strecke in kleinere Teile zerlegt
werden.   Das Regulativ dafür, ob in einem Falle in der einen oder der
anderen Weise zu verfahren sei, gibt die Regel von der Stetigkeit der
Veränderung ab.   Wie nachgewiesen wurde, besteht die sogenannte
Stetigkeit der Veränderung darin, dass die Reihenfolge der Zustände
einer sich verändernden Substanz auf Grund der Ähnlichkeit aufgestellt wird, dass man zwei voneinander verschiedene Zustände einer
Substanz gleichsam allmählich ineinander überführt (siehe § 78). Dadurch wird man gezwungen, bestimmte Vorstellungen auch an ganz
bestimmten Stellen der gesamten Veränderungsreihen einzufügen, und
man kann daher unter Umständen zu einer ungemein feinen und lange
fortgesetzten Einteilung irgend einer Zeitstrecke genötigt werden. Dadurch, dass dies vielfach geschieht, kommt allmählich die Ansicht zustande, dass jede Zeitstrecke *in infinitum* zerteilt werden könne : da
aber eine Vielheit von Teilen zwar in Vergangenheit und Zukunft,

aber nicht in der Gegenwart möglich ist. so bildet sich zuletzt die
Ansicht. dass die Gegenwart ein unendlich kleiner Teil der Zeit,
d. h. die ausdehnungslose Grenze zwischen Vergangenheit und
Zukunft sei.

§ 81. Um verschiedene Zeitteile in bezug auf ihre Länge
oder, was dasselbe ist, verschiedene zeitliche Thatbestände in bezug
auf ihre Dauer zu vergleichen, benutzt man bestimmte zeitliche
Veränderungen, welche sich regelmäßig wiederholen (d. h. zeitliche
Reihen, welche aus einander gleichen Strecken zusammengesetzt
sind', als gemeinsames Maß aller anderen Veränderungen. Ein
solches gemeinsames Maß sind in erster Linie die Umläufe und
Achsendrehungen der Gestirne, vor allem der Erde, also die Jahres-
und Tageszeit.

§ 85. Unter den Vorstellungen, deren objektive Gegenstände an
verschiedenen Stellen der Zeit verlegt werden, befinden sich natürlich
neben den ausgedehnten auch die unausgedehnten, die Schall-, Tast-,
Innervations-, Schmerz-, Temperatur-, Geruch-, Geschmack- und
Gemeinempfindungen; die Objekte, auf welche diese Empfindungen
bezogen werden, werden ausschließlich durch das Prädikat ausgedehnt
und zwar dreidimensional definiert. Alle Veränderungen der Außenwelt werden daher als Veränderungen ausgedehnter Dinge betrachtet.
Das wirkliche Ausgedehnte, d. h. der Inhalt der wirklichen einzigen
Ebene, kann sich auf zweierlei Weise verändern, erstens dadurch,
dass er sich in bezug auf seine Farbe umgestaltet, zweitens dadurch,
dass sich die Grenzen seiner Teile gegeneinander verschieben. Die
erste dieser Arten ist als Veränderungsart von Dingen der Außenwelt nicht möglich, für sie bliebe also von den beiden empirischen
Veränderungsarten des Ausgedehnten nur die zweite übrig. Infolge
gewisser metaphysischer Annahmen, die schon bei der Bildung des
Begriffes »dreidimensionales Ding« mitwirkten, werden jedoch von
dieser Art der Veränderung besondere Aussagen gemacht, und es
entsteht dadurch der Begriff »Bewegung«.

Der Begriff der Bewegung setzt den Substanzbegriff voraus
oder setzt ihn wenigstens mit voraus. denn man kann nur von Bewegung sprechen, indem man von Bewegung eines Dinges spricht. Zu
dem Begriffe der Bewegung gehört es offenbar, dass sich etwas zu
verschiedenen Zeiten, an verschiedenen Orten des Raumes befinde,

d. h. dass mehrere Vorstellungen auf ein einziges Objekt, also auf eine
Substanz bezogen werden. Der allem, was Bewegung genannt wird,
zu Grunde liegende Thatbestand der Wirklichkeit besteht in nichts
anderem als in einer Anzahl einander ähnlicher ausgedehnter Vorstellungen. Die Bewegung wird aus diesen dadurch konstruiert,
dass man sie auf ein Ding der Außenwelt bezieht, von welchem
man eben auf Grund der Vorstellungen annehmen muss, dass es
sich zu verschiedenen Zeiten an verschiedenen Stellen des Raumes
befinde, und indem man die zeitlichen Orte parallel zu den räumlichen anordnet, mit anderen Worten, indem man die räumlich am
nächsten benachbarten Orte des Objektes auch als zeitlich am
nächsten benachbarte auffasst. Als Regulativ für die Konstruktion
der stetigen Veränderung dient also in diesem Falle an Stelle der
Ähnlichkeit die räumliche Nachbarschaft.

Wie in allen stetigen Veränderungsreihen nimmt man auch
hier an, dass die Zeit der Veränderung *in infinitum* in immer
kleinere Abschnitte, die Veränderung selbst (also in diesem Falle
die Bewegung) in unendlich viele Phasen zerlegt werden könne.

Da man den so entstandenen Begriff »Bewegung«, in welchem
eine ganze Welt metaphysischer Hypothesen enthalten ist, für
einen empirischen hielt, welcher reelle Vorgänge ohne hypothetische
Ergänzung schilderte, war man außerordentlich erstaunt, als der
Eleat Zeno mit seinen berühmten Beweisen gegen die Bewegung
hervortrat, indem er darzuthun suchte, dass der Begriff der Bewegung, falls man gewisse Konsequenzen desselben ziehe, zu
unlösbaren Widersprüchen führe.

Unter seinen drei Beweisen sind zwei nur verschiedene Aus-
drucksweisen für einen Gedanken; ebenso trifft noch ein dritter
den Kern der Sache. Diese drei konnten bis heute nicht widerlegt
werden, wenn man sich auch mit scheinbaren Gegenbeweisen darüber
hinwegtäuschte. In der That beweisen die Darlegungen Zenos die
Nichtwirklichkeit oder, mit unserer Sprache zu reden, den hypothetischen Charakter des Bewegungsbegriffes.

Die für uns in Betracht kommenden drei Beweise sind:

»1. Eine Bewegung kann nicht beginnen, oder ein Körper
kann nicht an einen anderen Ort gelangen, ohne zuvor eine unbegrenzte Zahl von Zwischenorten durchlaufen zu haben.

2. Achilleus kann eine Schildkröte nicht einholen, weil dieselbe, so oft er an ihren bisherigen Platz gelangt ist, diesen schon wieder verlassen hat.

3. Der fliegende Pfeil ruht, denn er ist in jedem Augenblick nur an einer Raumstelle: er ruht also in jedem Augenblick seiner Flugzeit, und daher auch in der ganzen Zeit des Fluges.«

Es ist mit Hilfe des in den letzten Paragraphen Ausgeführten leicht einzusehen, dass der durch diese drei Beweise aufgedeckte Widerspruch, den der Begriff Bewegung involviert, nicht nur aus dem Begriffe Bewegung, sondern aus dem ihm übergeordneten abstrakten Begriffe »stetige Veränderung« hergeleitet werden kann.

Der fliegende Pfeil als ein dreidimensionales Ding ist, wie wir wissen, überhaupt gar kein Bestandteil der empirischen Wirklichkeit, sondern nur eine metaphysische begriffliche Konstruktion. Der empirische Thatbestand, welcher der Bewegung des Pfeiles zu Grunde liegt, ist eine Vielheit von Vorstellungen, welche auf das Objekt Pfeil als ein nacheinander in verschiedenen räumlichen Lagen befindliches Ding bezogen werden. Dasselbe gilt vom Achilleus und der Schildkröte, ebenso von dem sich bewegenden Dinge im ersten Beweise. Bei all diesen Dingen wird die Stetigkeit der Bewegung behauptet. d. h. es wird behauptet, zwischen den ursprünglich durch Vorstellungen repräsentierten Phasen der Bewegung könnte eine unbegrenzte Zahl von Zwischenphasen eingeschoben werden. Und gerade diese Behauptung ist es. von der Zeno nachweist. dass ihre Konsequenzen dem Bewegungsbegriffe widersprechen.

§ 86. Trotz der schon von einem griechischen Philosophen gewonnenen Einsicht. dass der Begriff »stetige Veränderung« dem Begriffe Veränderung überhaupt. also sich selbst widerspricht. hat demnach dieser Begriff vor allem, repräsentiert durch den ihm untergeordneten konkreteren Begriff »Bewegung«. bei dem Aufbau der herrschenden metaphysischen Weltanschauung eine sehr hervorragende Rolle gespielt. Alle Veränderungen dreidimensionaler Gebilde, zu deren Annahme Vorstellungen oder Wahrnehmungen führen, werden als Bewegungen bezeichnet. Alle Kausalität, alle Veränderungen in der Außenwelt gelten also als Bewegungen.

Die ungeheure Mannigfaltigkeit der Bewegungen. welche hierbei

angenommen werden muss. wird aus der Kombination zweier scheinbar verschiedener, in Wahrheit prinzipiell gleichartiger Faktoren, nämlich »Richtung« und »Schnelligkeit« abgeleitet. Ehe wir dazu über-
gehen, die Gleichartigkeit der Begriffe »Richtung« und »Schnelligkeit«
einer Bewegung zu demonstrieren, müssen wir jedoch den Begriff
Richtung, um den es sich hierbei handelt, von einem anderen
Richtungsbegriffe, welcher nur den Namen mit ihm gemein hat,
trotzdem er sowohl im gewöhnlichen Leben wie auch in der Mathematik für ihn wesentlich gleichartig gehalten wird, sondern.

Zunächst bedeutet nämlich Richtung in der Ebene nichts anderes, als »kürzeste Verbindung zwischen zwei Punkten nach beiden
Seiten ins Unendliche verlängert«, also als »Gerade«. Die verschiedenen von einem Punkte der Ebene ausgehenden Richtungen
sind. solange »Richtung« diese Bedeutung behält, identisch mit den
verschiedenen ihn schneidenden Geraden, ihre Anzahl also gleich
der Anzahl dieser letzteren und somit unendlich. Da nun der Raum
die unendliche Vielheit der Flächen ist, so sind in ihm unendlich
mal unendlich viele lineare Richtungen enthalten. Während aber
so die Anzahl der Richtungen, welche einer Linie im dreidimensionalen Raume möglich sind, eine Unendlichkeit zweiten Grades
ergiebt, ist die Anzahl der Richtungen, welche eine Ebene im
Raume einnehmen kann, genau gleich der, welche einer Linie in
der Ebene möglich sind, d. h. unendlich im ersten Grade.

Es ist leicht einzusehen, wie bei der Auffassung der Zeit als
vierter Dimension (siehe § 75) es sich als berechtigte Konsequenz
zeigt, die Anzahl der Geraden in der Zeit als unendlich im dritten,
die der Ebene als unendlich im zweiten und die der Räume als
unendlich im ersten Grade anzunehmen. Indem ich darauf zurück-
komme, den Doppelsinn, den das Wort Richtung angenommen hat,
aufzudecken, werde ich sogleich Gelegenheit haben, mich mit
dieser Frage noch weiter zu beschäftigen.

Solange Richtung nichts anderes bedeutet, als das soeben Geschilderte, ist zwischen zwei Punkten p und p_1 immer nur eine
Richtung möglich. Nun aber behauptet man allgemein, dass nicht
eine, sondern zwei Richtungen zwischen ihnen vorhanden seien,
nämlich die Richtung von p auf p_1 und die sogenannte entgegengesetzte Richtung von p_1 auf p. Diese beiden Richtungen können

aber innerhalb eines Raumes immer nur durch eine einzige Gerade ausgedrückt werden. Erst durch Hinzutritt der Zeit, also als Veränderungs-, als Bewegungsrichtungen, werden sie voneinander verschieden. $p - p_1$ verhalten sich, wenn man die Zeitdimension hinzufügt, zu einander wie zwei sich schneidende Gerade im Raume. Wenn zwei Gerade in dem hypothetischen dreidimensionalen Raume so verlaufen, dass sie weder parallel sind noch einander schneiden, so könnten sie dadurch dazu gebracht werden sich zu schneiden, dass man die eine der drei Raumdimensionen fortnimmt. Entfernt man dann noch eine zweite Dimension, so würden die beiden Geraden aufhören, als zwei sich schneidende, also als zwei voneinander verschiedene zu existieren und würden zu einer einzigen Geraden werden. Mit anderen Worten: nimmt man im dreidimensionalen Raume r die eine Dimension einer Ebene e, in welcher sich zwei gerade Linien l und l_1 schneiden, fort, so bleibt ein zweidimensionales Gebilde, eine Ebene übrig, in welcher l und l_1 ihre Sonderexistenz aufgegeben haben und als eine einzige Linie bestehen. Würde man dagegen in dem Raume r die in der Ebene e hinzukommende (senkrechte Dimension aufheben, so würde zwar auch nur eine Ebene übrig bleiben, aber in derselben würden die Linien l und l_1 gesondert und unverändert fortbestehen. So erkennen wir, dass zwei sich schneidende Linien schon dadurch zu einer einzigen werden können, dass man eine einzige Dimension fortnimmt, dass aber die fortgenommene Dimension selbstverständlich diejenige Dimension sein muss, auf welcher der verschiedene Verlauf der sich schneidenden Linien beruht.

Die Richtung $p - p_1$ verläuft nun in jeder der drei Raumrichtungen genau wie die Strecke $p_1 - p$. Sie kann deshalb, wie schon erwähnt, als räumliche Linie nicht von dieser getrennt werden, wohl aber unterscheiden wir die Bewegungsrichtung eines Gegenstandes von p auf p_1 von der Bewegungsrichtung $p_1 - p$, d. h. ein Gegenstand kann nämlich seine Bewegung offenbar in p beginnen und p_1 beendigen, oder umgekehrt. In beiden Fällen bewegt er sich von der Vergangenheit auf die Zukunft, da ein anderer Veränderungsverlauf zeitlich überhaupt nicht möglich ist. Dass dennoch beide Bewegungen als verschiedene gerichtet voneinander unterschieden werden, liegt an der Auffassung der

Zeit als einer Dimension. Auf diese Auffassung müssen wir deshalb hier etwas näher eingehen.

Wir haben gesehen, dass die Hypothese der dritten Dimension identisch ist mit der Hypothese der Vielheit der Ebenen, ebenso, wie man die Ebene als Vielheit der Geraden definieren könnte. Ein Gebilde von einer bestimmten Dimensionzahl ist also identisch mit der Vielheit der Gebilde, mit einer um 1 niedrigeren Dimensionszahl. So kann die zeitliche Welt als Vielheit der Räume bezeichnet werden. Es müssen sich demnach in der zeitlichen Welt die Räume ebenso verhalten wie die Linie in der Ebene oder die Ebenen im Raume. In der That offenbart eine eingehende Prüfung die Thatsächlichkeit dieses Verhaltens. Eine solche Prüfung nach allen Richtungen hin durchzuführen, dafür ist hier jedoch nicht der Ort. Es müsste dies vielmehr in einer selbständigen Untersuchung über die Mathematik der Zeit oder die vierte Dimension geschehen. Hier aber, wo es sich nur darum handelt, zu zeigen, dass in der herrschenden populären Weltanschauung die Zeit thatsächlich die Rolle einer vierten Dimension spielt und dadurch den von uns untersuchten Richtungsbegriff ermöglicht, müssen einige Andeutungen genügen, und zwar diejenigen, welche für das Verständnis dieses Richtungsbegriffes wesentlich sind.

Als eine charakteristische Eigentümlichkeit zweidimensionaler Gebilde (Ebenen) muss es betrachtet werden, dass in ihnen eindimensionale Gebilde (gerade Linien) entweder einander parallel sind oder einander schneiden. Genau das Entsprechende gilt von dem Verhalten der zweidimensionalen Gebilde (Ebenen) in einem dreidimensionalen Raume. Die Analogie zu diesem Verhalten würde sich für das Vierdimensionale (die räumliche zeitliche Welt) zeigen, wenn in ihm dreidimensionale gerade Räume entweder einander parallel wären oder einander schnitten. Eine Betrachtung der räumlich-zeitlichen Welt wird uns zeigen, dass in ihr diese Analogie thatsächlich zu finden ist. Konstruieren wir z. B. den Raum aus allem gegenwärtigen Räumlichen, so muss ihm jeder Raum parallel sein, welcher aus einander gleichzeitigen Raumteilen der Vergangenheit oder der Zukunft konstruiert ist; denn zwischen einem beliebigen Teile eines solchen Raumes und einem beliebigen Teile des Gegenwärtigen ist genau die gleiche zeitliche Distanz wie zwischen je zwei beliebig gewählten anderen. Es kann nun gezeigt werden, dass jeder einem anderen geraden Raume nicht parallele gerade Raum ersteren schneiden muss. Ein gerader Raum A ist einem anderen B nicht parallel, heißt nämlich, verschiedene Teile desselben sind von verschiedenen Teilen des letzteren ungleich entfernt. Zwei solche verschieden weit entfernte Punkte können wie stets zwei Punkte im Raume stets durch eine Gerade verbunden werden, und diese Gerade ist über jeden der beiden Punkte hinaus *in infinitum* zu verlängern. Nach der einen Seite hin muss diese durch A gezogene Gerade sich dann offenbar von B immer mehr entfernen, nach der anderen hin aber sich ihm nähern; in letzterer Richtung also muss sie B, falls dieser Raum nicht unendlich weit entfernt ist, schneiden, da sie aber dabei nicht aufhört, dem Raume A anzugehören, so folgt unmittelbar, dass A selbst B schneidet.

Die Geraden in der Ebene schneiden sich in Punkten, die Ebenen im Raume schneiden sich in Geraden. In Analogie hierzu schneiden sich in der räumlich-zeitlichen Welt die Räume in Ebenen. Legt man z. B. durch den gegenwärtigen Raum eine Ebene E, durch welche er in zwei Teile zerfällt, so kann man einen Raum, welcher in E den gegenwärtigen Raum schneidet, dadurch konstruieren, dass man ihn aus Teilen zusammensetzt, die auf der einen Seite von E der Vergangenheit, auf der anderen Seite der Zukunft angehören, während man E selbst auch in ihm der Gegenwart zuteilt. Ein solcher gerader Raum wäre z. B. der, welcher auf der einen Seite von E mit je 10 Meter in 10 Sekunden in der Richtung der Vergangenheit fortschreitet, auf der entgegengesetzten bei gleicher Raumdistanz 10 Sekunden in der Richtung der Zukunft. In eine solche Schnittfläche zweier Räume A und B kann jeder beliebige Punkt dazu benutzt werden, um durch ihn gerade Linien zu ziehen, welche die Schnittfläche schneiden. Ein Teil dieser Geraden gehört dem Raume A, der andere dem Raume B an. Wählen wir nun eine solche gerade Linie, welche dem Raume A angehört und im Punkte B die Schnittfläche schneidet, aus, so können wir ihren Verlauf durch die drei Koordinaten des Raumes A bestimmen und können dann durch gleiche Koordinatenbestimmungen diejenige in B die Schnittfläche kreuzende Linie feststellen, welche im Raume B ebenso verläuft wie l im Raume A; wir nennen sie l_1. l und l_1 sind dann identisch mit den Richtungen $p - p_1$ und $p_1 - p$, falls Vergangenheit und Zukunft im Raume A auf den entgegengesetzten Seiten der Schnittfläche liegen wie im Raume B. Es hat sich also herausgestellt, dass der Unterschied zwischen den Richtungen $p - p_1$ und $p_1 - p$ nur ein eigentümlicher Spezialfall der Richtungsunterschiede ist, welche zwischen verschiedenen Räumen angehörigen Geraden bestehen.

Betrachten wir nun solche Richtungsunterschiede der Bewegungen im allgemeinen, so erkennen wir, dass sie identisch mit Schnelligkeitsdifferenzen einander im übrigen gleicher Bewegungen sind. Sie unterscheiden sich nämlich voneinander dadurch, dass sie verschiedenen nicht parallelen Räumen angehören; zwei nicht parallele Räume aber sind, wie wir sahen, dadurch voneinander verschieden, dass in dem einen das Verhältnis zwischen räumlicher und zeitlicher Distanz zwischen seinen einzelnen Teilen ein anderes ist, als in dem zweiten. Das Verhältnis zwischen räumlicher und zeitlicher Distanz zwischen zwei Phasen einer Bewegung wird aber bekanntlich Schnelligkeit genannt. Wir sehen also, dass die durch Koordinaten bestimmten Geraden als Richtungen bezeichnet werden, solange es sich nur um die drei Raumkoordinaten handelt, dass man dagegen, wenn man die vierte Dimension, die Zeit, als vierte Koordinate mitbenutzt, den dadurch bestimmten Verlauf einer Bewegung nicht einfach die Richtung, sondern die Richtung und Schnelligkeit dieser Bewegung nennt.

So sind wir nun zu dem Resultate gelangt, dass der im § 74 geführte Nachweis, dass in der herrschenden Weltanschauung die Zeit die Rolle einer vierten Dimension spielt, durch die Untersuchung des Bewegungsbegriffes bestätigt wird, da die Begriffe der Richtung und Schnelligkeit einer Bewegung nur dann verstanden werden können, wenn man die Zeit als vierte Dimension betrachtet.

§ 87. Eine ganz andere Bedeutung als beim Bewegungsbegriffe hat die »Zeit« bei anderen Veränderungsbegriffen, also bei den Veränderungen, welche man als Veränderungen des Ich auffasst; denn da diese nicht als Veränderungen dreidimensionaler Objekte betrachtet werden, so kann man auch die Zeit als vierte Dimension des sich Verändernden ansehen. Dagegen stellt man auch in solchen

Fällen die Zeit schematisch als Dimension dar, indem man die verschiedenen Phasen der Veränderung verschiedenen Punkten einer Geraden zuordnet.

Ehe wir mit der Betrachtung des Ich als eines sich zeitlich verändernden Dinges beginnen, müssen wir uns an das erinnern, was in betreff des Ichbegriffes an früheren Stellen dieses Buches bereits festgestellt worden ist. Dabei finden wir zunächst, dass das Ich als etwas an den »eigenen Leib« Gefesseltes erscheint; ferner, dass es die empirische Welt, d. h. die gesamte Wirklichkeit in sich beschließt. Als Inbegriff des Realen oder Immanenten fällt der Begriff »Ich« offenbar mit dem Begriffe eigenes Bewusstsein (nicht Selbstbewusstsein, da dies ein spezieller Begriff ist) zusammen; da aber auch außerdem der Leib dem Ich zugerechnet wird, so erstreckt sich das Gebiet des Ichbegriffes noch an einer Stelle über die Grenzen des Begriffes Bewusstsein hinaus in das Gebiet der Außenwelt. Das sogenannte Ich nimmt also eine ganz eigentümliche Stellung unter den Begriffen ein, und es zeigt sich, dass der bisher in dem vorliegenden Buche von diesen beiden Begriffen gemachte Gebrauch, durch welchen sie zu kontradiktorischen Gegensätzen gemacht wurden, kein ganz exakter ist, da ja der eigene Leib sowohl zum Ich als auch zur Außenwelt gerechnet wird. Erst dadurch, dass der eigene Leib aus dem Ich hinausgewiesen und ausschließlich als Teil der Außenwelt betrachtet wird, wie das in der Psychologie der Fall ist, wird diese der kontradiktorische Gegensatz zum Ich.

§ 88. Dass der eigene Leib, den wir nun ausschließlich als Bestandteil der Außenwelt anzusehen haben, den Regeln der Veränderung oder Kausalität, welche in dieser herrschen, unterworfen ist, erscheint selbstverständlich. Von diesen Regeln wissen wir, dass sie Regeln der Bewegung sind. Nach Bewegungsgesetzen, durch Bewegungen verändert sich also der Leib wie alle Dinge der Außenwelt, wie die ganze Außenwelt selbst.

§ 89. Wie früher die Feststellung oder Ableitung all dieser Bewegungsgesetze, so bilden auch für alles, was über die Veränderungen des Ich ausgesagt wird, die Wahrnehmungen und Vorstellungen die empirische Grundlage. Wie wir bereits sahen, gehört alles Wirkliche der Gegenwart an, wie wir nun hinzufügen können, dem gegenwärtigen Ich. Indem man die Erinnerungsvorstellungen

als Wirkungen vergangener Wahrnehmungen ansieht, dehnt man
das Ich in der Vergangenheit aus. Wie zukünftige Zustände der
Außenwelt nimmt man auch zukünftige Zustände des Ich (Wahr-
nehmungs-, Vorstellungskomplexe) mit Hilfe des Satzes an, dass
gleiche Ursachen gleiche Wirkungen haben. Die zukünftige Existenz des Ich *in abstracto* aber wird schon durch die Ausbildung
des Zeitbegriffes mit Hilfe des Raumschemas angenommen, falls
nicht der eben angeführte Satz von Ursache und Wirkung das Aufhören dieser Existenz für irgend einen Punkt der Zukunft verlangt.
Das Ich als zeitlich Ausgedehntes ist also eine Succession von Wahr-
nehmungs- und Vorstellungskomplexen, denen außer dem gegenwärtigen, welcher Wirklichkeit besitzt, bloß eine hypothetische Existenz zukommt, welche auf Grund des gegenwärtigen Komplexes
konstruiert wird.

Die kausalen Verhältnisse, in welchen die Zustände oder Vorgänge im Ich stehen können, teilen wir am zweckmäßigsten in drei
Klassen ein. Die erste dieser Klassen enthält jene Beziehungen, in
welchen eine Veränderung der Außenwelt als Ursache einer Veränderung des Ich gilt, d. h. jene Fälle, in welchen eine Thatsache
des Ich direkt auf Objekte bezogen wird. Solche unmittelbare
Beziehung wird aber, wie wir wissen, nur Wahrnehmungen zu teil;
Wahrnehmungen allein können also in einem solchen Kausalverhältnisse als Wirkungen fungieren. Da anderseits jede Wahrnehmung, gleichviel ob dieselbe bloß die hypothetische transcendente Existenz in der Vergangenheit oder die wirkliche Existenz
in der Gegenwart besitzt, als unmittelbares Zeichen von Thatsachen
der Außenwelt gilt, so muss jede Wahrnehmung als Wirkung
äußerer Objekte anerkannt werden. Diese erste Klasse enthält also
alle sogenannten Wahrnehmungs- und Empfindungskomplexe.

Als zweite Klasse reiht sich der ersten diejenige der Kausalrelationen an, in welchen sowohl Ursachen wie Wirkungen als
Thatsachen des Ich betrachtet werden, so z. B. die von uns schon
mehrfach betrachtete zwischen den gegenwärtigen Erinnerungsvorstellungen und den als die Ursache derselben angesehenen vergangenen Wahrnehmungen; ferner jene komplizierteren in § 82 bereits
besprochenen Vorgänge, welche zur Annahme und Konstruktion
des Zukünftigen führen, kurz alle jene Verhältnisse, welche als

Gedächtnisthätigkeit. als Phantasiethätigkeit und als Denken bezeichnet werden, und welche alle im zweiten Buche eine ausführlichere Darstellung erfahren werden.

Für die dritte Klasse bleiben jene Fälle übrig, in denen ein
Vorgang des Ich als Ursache für einen Vorgang der Außenwelt
angesehen wird. In jedem dieser Klasse angehörigen Kausalverhält-
nisse ist der die Stelle der Wirkung einnehmende Vorgang der
Außenwelt eine Bewegung des eigenen Leibes. Die Willkür oder
Willenshandlung bildet den Inhalt derselben.

§ 90. In den Kausalbeziehungen der ersten und dritten Gruppe
ist die Ursache resp. die Wirkung, da sie ein Vorgang der Außenwelt ist, eine Bewegung, also eine stetige Veränderung; wie jedoch
in den Verhältnissen der ersten Klasse dieser Bewegung als Wirkung eine Wahrnehmung folgt. das ist nicht mehr der Teil einer
stetigen Veränderung. Ebensowenig wie bei denen der dritten
Klasse der Übergang, welcher zwischen der dem »Ich« angehörigen
Ursache und der zur Außenwelt gehörigen Wirkung besteht. Denn
im ersten Falle folgt dem unmittelbar vorangehenden Stadium der
Bewegung in der Außenwelt ein diesem gänzlich unähnlicher, durchaus heterogener Vorgang oder Zustand im »Ich«, etwa eine Farbe
oder ein Schall, der jedem anderen Stadium der Veränderung in
der Außenwelt in ebensolchem Grade (nämlich gar nicht) ähnelt,
wie dem, der als seine Ursache betrachtet wird, und in keiner
Weise räumlich zu der sich verändernden Substanz orientiert werden kann, weil es gar nicht dem metaphysischen Raum angehört,
in welchem sich jene befindet. Auch wird die Veränderungsreihe
im Ausgedehnten nicht unterbrochen, wenn die Wirkung innerhalb
des »Ich« eintritt. Wenn man z. B. Schwingungen als Ursache
des Schalles annimmt, so verbindet man damit die Annahme, dass
diese Schwingungen, welche zunächst durch die Luft fortgepflanzt
wurden, dann durch Organe des eigenen Leibes noch während des
Schalles in Form von Vorgängen im Zentralorgan fortbestehen und
sich weiterhin in andere Bewegungsvorgänge verwandeln. In den
zu der dritten der angeführten Klassen gehörigen Kausalverhältnissen herrscht dieselbe vollkommene Verschiedenheit zwischen Ursache und Wirkung, und wie in jenen die in Betracht kommende
Bewegungsreihe nicht als beendet beim Eintritte der Wirkung im

»Ich« angesehen wurde, so nimmt man hier entsprechend, bei dem
Eintritt jener Bewegung, welche einem Vorgange im »Ich« unmittelbar folgt, an, dass sie nicht der Beginn einer Bewegungsreihe sei, sondern dass frühere Stadien der Bewegung eben dieser
Reihe schon während der von uns als Ursache bezeichneten Vorgänge im »Ich« vorhanden seien. Mit kurzen Worten, man leugnet,
dass stetige Veränderungsreihen unterbrochen werden können, und
behauptet, dass Bewegungen nur durch Bewegungen verursacht
werden. Die Auffassung, welche sie demnach als Ursachen der
Vorgänge im »Ich« betrachtet, bildet die Grundlage des Materialismus.

§ 91. Bei den Kausalverhältnissen der zweiten der drei erwähnten Klassen ist es noch leichter als bei denen der anderen zu
erkennen, dass sie nicht Teile einer stetigen Veränderungsreihe
zu sein brauchen. Wenn z. B. durch die Gehörswahrnehmung
irgend eines Eigennamens die Vorstellung der Person, welche diesen
Namen trägt, verursacht wird, und dann an die Vorstellung dieser
Person die Vorstellung ihres Namens, sowie sie selbst ihn auszu-
sprechen pflegt, hieran wiederum andere Vorstellungen sich anreihen,
so kann dabei offenbar von irgend einer stetigen Veränderung
durchaus nicht die Rede sein. Das für die Außenwelt geltende Gesetz, dass Veränderungen stetig seien, gilt also nicht für die Veränderungen, in welchen sowohl Ursache wie Wirkung dem »Ich«
angehören.

Betrachten wir nun diese Klasse von Kausalverhältnissen in
bezug auf ihren Umfang, so entdecken wir, dass nicht nur jene als
Erinnerungs- oder Phantasiefunktionen oder als Denkakte, aus deren
Zahl wir bisher die Beispiele für diese Klasse gewählt haben, ihr
angehören, sondern dass auch jene psychischen Thatsachen, welche
als Wirkungen außerweltlicher Veränderungen in die erste resp.
letzte der drei von uns aufgestellten Klassen verwiesen worden
sind, zugleich als Glieder von Kausalrelationen aufzufassen sind,
welche in die zweite Klasse gehören.

Betrachten wir z. B. den Thatbestand, welchen man als Tast-
wahrnehmung eines harten Gegenstandes bezeichnet, so sehen wir,
dass das damit gemeinte Kausalverhältnis der ersten Klasse angehört, denn die Beschaffenheit und die Bewegung des zur Außen-

welt gehörigen (hypothetischen) harten Gegenstandes bilden die Ursache der Tastempfindung. Bedenken wir nun aber, dass das dreidimensionale Objekt und seine Bewegung auf Grund von Thatsachen der Wirklichkeit, die als solche dem »Ich« zugerechnet werden, angenommen und konstruiert wurden, dass also die Beschaffenheit dieses Objektes und das Stadium seiner stetigen Veränderung, welches dem Eintritt der Wahrnehmung unmittelbar vorangeht, ebenfalls durch Thatbestände im Bewusstsein repräsentiert werden müssen, so sehen wir ein, dass zur Wahrnehmung hypothetischer Veränderungen nicht nur gewisse Bewegungen der Außenwelt als Ursache aufzufinden sind, sondern auch Thatsachen innerhalb des »Ich« selbst, irgend welche andere Wahrnehmungen oder Vorstellungen.

Was für die erste Klasse gilt, trifft offenbar ebenso für die dritte zu. Neben den von Bewegungen in der Außenwelt gebildeten Wirkungen innerhalb der sogenannten Willensakte sind die psychischen Thatsachen, welche in ihnen den Platz der Ursachen einnehmen, auch von anderen unmittelbar zeitlichen Folgeerscheinungen, also von Wirkungen innerhalb des Ich selbst, begleitet.

§ 92. Wie im vorletzten § 90 gezeigt wurde, wie die Auffassung möglich ist, dass stetige Veränderungsreihen der Außenwelt, also Bewegungen, an keiner Stelle durch psychische Thatsachen unterbrochen werden, sondern dass in ihnen, soweit man sie auch zeitlich verlängert, an jedem Punkte Ursache sowohl wie Wirkung durch Bewegungsphasen repräsentiert werden, so wird uns nun durch die Ausführung im letzten Paragraphen klar, wie auch die Veränderungen innerhalb des »Ich«, das psychische Geschehen, als kausal ununterbrochen aufgefasst werden können. Nur an vereinzelten Stellen scheint der Verlauf des psychischen Geschehens unterbrochen, wenn z. B. die Erinnerungsvorstellung einer Landschaft, die wir nur in früher Kindheit gesehen haben, diese Landschaft im winterlichen Gewande, schneebedeckt und mit kahlen Bäumen, eine andere Erinnerungsvorstellung aber eben jene Landschaft im sommerlichen Grün zeigt, so beziehen wir diese beiden Erinnerungsvorstellungen auf zwei getrennte Glieder einer stetigen Veränderungsreihe in der Außenwelt. Sind uns nun aus jener Zeit unseres Lebens, in welche wir die Wahrnehmungen jener Landschaft verlegen müssen, weiter keine Erinnerungen geblieben, so scheint hier in unserem vergangenen psychischen Geschehen eine Lücke zu sein. Eben dasselbe ist der Fall, wenn wir nach dem Erwachen aus dem Schlafe uns keiner Träume erinnern, denn auch dann sind scheinbar keine psychischen Thatsachen zwischen der letzten vergangenen Wahrnehmung vor dem Einschlafen und der ersten gegenwärtigen nach dem Erwachen zu schließen, obwohl wir durch diese beiden Wahrnehmungen gezwungen sind, einen zeitlichen Verlauf in der Außenwelt anzunehmen, der den Zeitort der einen Wahrnehmung von dem der anderen trennt.

Diese Widersprüche gegen den Satz, dass zeitliches Geschehen als Veränderungsreihe oder als Gesamtheit mehrerer Veränderungsreihen unabhängig von den Bewegungen der Außenwelt angenommen werden kann, werden dadurch beseitigt, dass man sagt, auch in jener Zeit, von der keine Erinnerungsvorstellung uns sagt, welche Wahrnehmungen wir in ihr gemacht oder welche Vorstellungen wir in ihr gehabt haben, haben wir etwas wahrgenommen oder vorgestellt, aber die betreffenden Wahrnehmungen oder Vorstellungen bewirken keine gegenwärtigen Erinnerungsvorstellungen, welche ihnen gleichen, sondern ihre mittelbaren Wirkungen bestehen in irgend welchen anderen Eigentümlichkeiten des gegenwärtigen Thatbestandes, den wir als Ganzes niemals vollkommen ursächlich zu erklären vermögen.

Verbindet sich nun diese Ansicht von dem ununterbrochenen Verlauf des Psychischen mit der Überzeugung von dem ununterbrochenen Verlauf der Bewegungen in der Außenwelt, so kommt jener Parallelismus zustande, der die Weltanschauung der modernen Psychologie bildet und die Grundlage der Psychophysik darstellt. In der psychophysischen Weltanschauung erkennt man daher eine äußerste Konsequenz metaphysischer Hypothesen und ihrer Kombinationen. Für uns selbst aber stellt sich als Ergebnis der Untersuchungen für die Veränderungen innerhalb des Ich die Erkenntnis dar, dass das, was man als das psychische Geschehen zu bezeichnen pflegt, unabhängig von den Veränderungen der hypothetischen Außenwelt konstruiert werden kann und anderen Gesetzen als jenes gehorcht.

Die Prinzipe seelischer Veränderung werden von der Psychologie mit dem Namen Associationsgesetze bezeichnet. Wir sahen, dass diese Veränderungen im Gegensatze zu den Bewegungen in der

Außenwelt ni ch t st etige Veränderungen sind, und dass sie nur
den zeitlichen Verlauf, die Eigentümlichkeit, aus zeitlichen Reihen
zu bestehen, mit dem objektiven Geschehen gemein haben.
Da, wie im § 82 gezeigt wurde, Veränderungen nur als Veränderungen von Substanzen möglich sind, so ist dieses sogenannte
psychische Geschehen von denjenigen nur als Veränderung aufzufassen, welche eine psychische Substanz annehmen, also von den
Spiritualisten, sowie von denen, welche dieses Geschehen als Veränderungen irgend einer anderen Substanz betrachten, z. B. den Ma-
terialisten.

Sieht man dagegen von solchen speziellen Hypothesen ab,
so können diese Associationen nicht als Veränderungsreihen aufgefasst werden. Aber auch von jenen Philosophen, welche das psychische Geschehen nicht als Substanzveränderung betrachten, wird
dasselbe nicht als eine Reihe bloß im zeitlichen Zusammenhange
stehender Thatsachen angesehen, sondern als etwas noch durch eine
andere Einheit Zusammengefasstes, nämlich durch die Einheit des
Selbstbewusstseins. Um das Vorhandensein einer solchen Einheit
zu demonstrieren, pflegen diese Philosophen auf die Thatsache hin-
zuweisen, dass Wahrnehmungen und Vorstellungen von jedem als
seine Wahrnehmungen und Vorstellungen bezeichnet werden, dass
man sagt, ich nehme wahr, ich erinnere mich. Wir aber haben
erkannt, dass dieses Ich, dieses gemeinsame Subjekt der verschiedenen Urteile nicht etwas neben Wahrnehmungen und Vorstellungen
Bestehendes, Wirkliches ist, sondern nichts weiter bedeutet, als dass
jede Vorstellung oder Wahrnehmung als eine bestimmte Beziehung
äußerer Objekte zum sogenannten eigenen Leibe betrachtet wird.

Gibt man infolge dieser Erwägung den Begriff Einheit des
psychischen Geschehens auf und verzichtet man außerdem darauf,
den Inhalt der Associationsreihen durch den Begriff »zeitlicher Verlauf« zusammenzufassen, sondern betrachtet man sie als das, was sie
sind, ein Nebeneinander von Wahrnehmungen und Vorstellungen.
so kann man dadurch, dass man Wahrnehmungen und Vorstellungen nach realen Eigenschaften derselben einteilt, d. h. gruppenweise unter konkreteren Begriffen zusammenfasst und dann die mannigfaltigen Kombinationen, die zwischen Thatsachen der einzelnen
Gruppen möglich sind, ordnet, indem man die ähnlichen oder glei-

chen Beziehungen unter Regeln, d. h. unter mehr oder weniger abstrakte Urteile vereinigt, Associationsgesetze als empirische Gesetze des Geschehens aufstellen.

Die Bildung solcher Associationsgesetze bildet die wesentliche Aufgabe für das zweite Buch des vorliegenden Werkes, als dessen Beruf in der Einleitung in abstrakterer Weise die Zusammenfassung des Wirklichen durch irgend welche empirische Regeln bezeichnet worden war.

Kapitel 4.

Die Entwickelung des Individualbegriffes.

§ 93. Wie wir sahen, ist bei Entstehung des Zeitbegriffes das »Ich« mit dem Leibe verknüpft. Indem alle empirischen Thatsachen, welche man zur begrifflichen Konstruktion dreidimensionaler Gebilde, respektive zu deren Konstatierung verwandte, für abhängig vom eigenen Leibe erklärte, ja weiterhin sie als Eigenschaften dieses Leibes betrachtete, machte man den eigenen Leib zum Träger der ganzen Wirklichkeit und setzte dieser eine metaphysische Welt von Objekten gegenüber.

§ 94. Unter den metaphysischen, dreidimensionalen Gebilden, welche aus Bestandteilen der empirischen Welt der Wirklichkeit konstruiert werden, finden sich neben anderen auch solche, welche dem sogenannten eigenen Leibe in hohem Grade ähneln. Es sind diejenigen, welche man als die Leiber anderer Menschen, weiterhin und mit steter Abnahme der Ähnlichkeit diejenigen, welche man als die Leiber der höheren und niederen Tiere zu bezeichnen gewohnt ist. All diese »fremden Leiber« weisen Unterschiede vom »eigenen Leibe« auf, welche ihnen mit allen übrigen dreidimensionalen Objekten gemein sind.

Zunächst hat keiner von ihnen die Eigentümlichkeit, dass diejenigen Teile der wirklichen Ebene, aus welchen er konstruiert wird, stets vom Rande aus in die wirkliche Ebene hineinragen, vielmehr verhalten sie sich in dieser Ebene genau wie die anderen Teile. Auch ist das Auftreten und der Verlauf der Tast- und der Innervationsempfindungen in der empirischen Welt ganz unabhängig von den räumlichen Beziehungen dieser sogenannten »fremden Leiber« untereinander oder zu anderen Objekten. (Selbstverständlich mit Ausnahme ihrer Beziehungen zum »eigenen Leibe«.)

§ 95. Auffallend ist dagegen die außerordentliche Ähnlichkeit zwischen dem Spiegelbilde des eigenen Leibes und den Leibern der anderen Menschen, respektive deren Spiegelbildern. Diese Ähnlichkeit erstreckt sich sowohl auf die einzelnen Teile, wie auf den Zusammenhang derselben, auch auf die Veränderung der räumlichen Lage des ganzen Leibes oder seiner Teile. Aber schon bei menschlichen Leibern, welche wir als dem eigenen Leibe unähnlich bezeichnen, ist diese Übereinstimmung gering, um bei den Tieren bald vollkommen zu verschwinden. Es muss also eine andere Eigentümlichkeit vorhanden sein, welche den Anlass dazu gibt, diesen Objekten eine höhere Art der Ähnlichkeit mit dem eigenen Leibe beizulegen als den übrigen, sie zu Subjekten, zu Trägern einer empirischen Welt zu machen.

§ 96. Diese Eigentümlichkeit besteht in der besonderen Art der kausalen Verknüpfung zwischen gewissen Bewegungen jener Gebilde, welche als Individuen betrachtet werden, und anderen Veränderungen der Außenwelt, denn dieser Kausalnexus zeigt große Übereinstimmung mit dem, welcher zwischen Bewegungen des eigenen Leibes und anderen Veränderungen besteht.

§ 97. Man kann die kausalen Beziehungen zwischen Bewegungen des eigenen Leibes und anderen Vorgängen in zwei Klassen einteilen. Die eine dieser Klassen enthält jene Kausalverhältnisse, in welchen die Leibesbewegung die Ursache anderweitiger Veränderungen ist, die andere Klasse dagegen enthält jene Relationen, in welchen sie als Wirkung derselben betrachtet werden muss.

Unter der großen Zahl der Kausalzusammenhänge, in welchen ein Glied durch die Bewegung des eigenen Leibes gebildet wird, befinden sich viele, welche in nichts Wesentlichem sich von anderen Kausalreihen unterscheiden, wie alle jene, in welchen irgend ein Vorgang der Außenwelt in mechanischer Weise die Stellung des Leibes verändert.

In den Vorgängen, welche einen solchen Unterschied zeigen, also in allen jenen, welche wir als Reflexbewegungen, als Willenshandlungen oder willkürliche zu bezeichnen gewohnt sind, müssen stets Fälle aus beiden Klassen verbunden sein, denn wie jeder zeitlich begrenzte Vorgang muss auch eine Bewegung des eigenen Leibes das Glied einer Kausalreihe bilden, d. h. zwischen Ursache und Wirkung gestellt sein. Versucht man z. B. durch eine rasche Handbewegung ein Insekt, welches sich dem Auge allzusehr näherte, zu vertreiben, so ist die Annäherung des Insektes an das Auge die Ursache für die ausgeführte Bewegung des Armes, die ihrerseits wieder die Entfernung des Insektes bewirkt. Obwohl aber hier nur eine einzige Handlung vorhanden ist, lassen sich doch die beiden der zwei verschiedenen Klassen angehörigen Kausalverhältnisse, die in dieser Handlung verbunden sind, deutlich voneinander sondern. Die Bewegung des Armes stellt sich einmal als Wirkung und einmal als Ursache anderer Vorgänge dar.

Auch bei solchen Reflex- oder Willkürbewegungen ist vielfach nur die eine der beiden in ihnen verbundenen Kausalbeziehungen von anderen wesentlich verschieden, und zwar gewöhnlich nur die, in welcher die Leibesbewegung die Stelle der Wirkung einnimmt. Klopfe ich z. B. an eine Thür, so ist das Geräusch, welches dadurch verursacht wird, nicht von dem Geräusch verschieden, welches ein Gegenstand von gleicher Größe, Gestalt und Härte bei gleicher, schneller Bewegung gegen jene Thür hervorrufen würde. Die Ursache meines Anklopfens dagegen ist von Ursachen anderer Vorgänge durchaus verschieden; sie besteht in der Thür als empirische Thatsache, in dem Wunsche, das Zimmer zu betreten, zu dem die Thür führt, der Vorstellung eines darinnen befindlichen Menschen, gewisser Ideen von Höflichkeit und anderem mehr, kurz aus einer höchst komplizierten Verbindung verschiedener Wahrnehmungen und (teilweise begrifflichen) Vorstellungen.

§ 98. Nachdem wir einen Blick auf die Kausalbeziehungen zwischen Bewegungen des eigenen Leibes und anderen Veränderungen geworfen haben, wollen wir nun festzustellen suchen, welche Übereinstimmung oder Ähnlichkeit zwischen ihnen und denjenigen kausalen Verknüpfungen besteht, in denen Bewegungen fremder Individuen als Glieder enthalten sind.

Zunächst kann es uns als auffällig erscheinen, dass bestimmte Bewegungen anderer Menschen, welche Bewegungen des eigenen Leibes (seines Spiegelbildes) ungemein ähneln, auch von den gleichen Folgen wie diese begleitet sind, während doch die gleichen Bewegungen bei einer den anderen Menschen völlig gleichen Gliedergruppe ohne diese Wirkungen bleiben würden, so z. B. wenn gewissen Bewegungen menschlicher Lippen gewisse Worte oder Laute folgen.

Dennoch liegt es im Bereiche der Wahrscheinlichkeit, dass eine mechanische Figur so kunstvoll konstruiert würde, dass nicht allein ihr Äußeres und ihre Bewegungen denen eines Menschen vollkommen gleichen, sondern den Lippenbewegungen auch dieselben artikulierten Laute folgten, wie denen menschlicher Lippen. Die Bewegungen eines fremden Individuum als Ursache anderer Veränderungen bilden also kein sicheres oder ausreichendes Merkmal für die Auswahl solcher Objekte, welche man zum Unterschied von den anderen als Individuen auffasst, d. h. für analog dem eigenen Leibe erklärt. Ein besseres Merkmal bilden gewisse Kausalverhältnisse, in welchen Bewegungen des eigenen Leibes als Wirkungen fungieren, denn die Ursachen derselben sind zum Teil derart, dass außer den Bewegungen des eigenen Leibes ausschließlich Bewegungen anderer Individuen durch sie verursacht werden, wie z. B. das Herannahen einer äußeren Gefahr, die Flucht aller davon bedrohten Menschen, zu veranlassen pflegt, während andere Gegenstände durch das Eintreten eines solchen Ereignisses nicht aus ihrer Lage gebracht werden, und es uns auch durchaus wahrscheinlich erscheint, dass irgend ein Gegenstand sich in anderen Beziehungen von denjenigen Gegenständen unterscheidet, welche man als Individuen zu betrachten gewöhnt ist.

Als eines der bemerkenswertesten Kausalverhältnisse der zuletzt erwähnten Art müssen wir das anerkennen, in welchem die Ursache der Leibesbewegung durch ein Symbol, etwa ein gesprochenes oder geschriebenes Wort oder durch einen Gestus hervorgerufen wird. Dieses Kausalverhältnis wird allerdings nur bei einem geringen Teile aller als Individuen geltenden Gebilde beobachtet, nämlich fast ausschließlich bei anderen Menschen. Dies thut aber der Bedeutung desselben für die Auswahl der Individuen aus der

Gesamtheit der Objekte keinen Abbruch, auch eine Ähnlichkeit mit
dem eigenen Leibe ist eigentlich nur bei dem, was wir Leib eines
anderen Menschen nennen, zu konstatieren. Zu dem Begriffe anderer Individuen gelangen wir eben überhaupt nicht unmittelbar,
sondern nur durch stufenweise Vermittelung der dem eigenen
Leibe ähnlicheren und ähnlichsten Objekte, also der Leiber anderer
Menschen.

§ 99. Aus dem vorigen Paragraphen geht vor allem deutlich
hervor, dass nicht irgend eine einzelne qualitative oder realitio-
nelle Ähnlichkeit zwischen dem eigenen Leibe und den Körpern
fremder Individuen dazu führt, diese Körper in Analogie zum eigenen
Leibe für Träger einer empirischen Welt zu erklären, sondern das
Zusammentreffen einer ganzen Reihe derartiger Ähnlichkeiten. Die
Übereinstimmung solcher Körper, respektive ihre Spiegelbilder mit
dem Spiegelbilde des eigenen Leibes, sowie die Gleichartigkeit der
Kausalreihen, in denen Bewegungen derselben als Glieder enthalten
sind, mit denjenigen, in denen Bewegungen des eigenen Leibes
eine Rolle spielen, sind die wesentlichsten Punkte der Analogie.

Was aber wohl noch mehr als alles bereits Erwähnte dazu führt,
jene Leiber als Träger einer empirischen Welt oder, wie wir dafür
sagen können, als Träger eines Bewusstseins anzusehen, sind solche
Bewegungen derselben, zu denen wir eine Ursache in der empirischen Welt nicht aufzufinden wissen.

Im Beginn des vorigen Paragraphen wurde die spezielle Ursache analysiert, durch welche die Bewegung des eigenen Leibes
bewirkt wird, wenn man an die geschlossene Thür eines Zimmers
klopft, und durch diese Analyse wurde nachgewiesen, dass diese
Ursache sich von den Ursachen jedes anderen Vorganges, durch
welchen der gleiche Schall hervorgerufen wird, durchaus unterscheidet. Betrachten wir nun den Fall, dass ein »anderer Mensch«
an die Thür klopft, so unterscheidet sich dieser Fall einerseits
wesentlich von dem soeben erwähnten, anderseits jedoch auch von
jedem Falle, in welchem durch die Thätigkeit einer Maschine oder
sonstige mechanische Vorgänge das Klopfen hervorgebracht würde.
Von ersterem unterscheidet er sich dadurch, dass in der Wirklichkeit unmittelbar vor dem Beginne des Klopfens nicht jener Thatbestand vorhanden ist, welchen wir als Ursache für unser eigenes

Anpochen aufgefunden haben, also jenes Geräusch aus Wahrnehmung und verschiedenartigen Vorstellungen. Von letzterem dagegen ist er dadurch verschieden, dass in ihm der Bewegung, welche das Pochen verursacht, nicht wie der durch Maschinen ausgeführten andere Bewegungen vorhergegangen zu sein brauchen. Dadurch aber fällt es aus dem gewöhnlichen Kausalzusammenhange der Außenwelt heraus, da dieser, wie im vorigen Kapitel dargethan wurde, in stetigen Veränderungsreihen dreidimensionaler Gebilde, d. h. in Bewegungsreihen besteht.

Da wir aber gewöhnt sind, zu jeder Veränderung eine spezielle Ursache zu suchen, so nehmen wir, wenn ein anderer Mensch, ohne dass sonstige Veränderungen vorangegangen wären, an die Zimmerthür pocht, als Ursache dieser Bewegung denjenigen Vorgang oder Zustand an, welcher die jener Bewegung gleichartige des eigenen Leibes bewirkt. Dieser Zustand aber setzt sich aus Bestandteilen zusammen, welche, wie wir schon im Verlaufe des dritten Kapitels erkannt haben, als bloß dem »Ich«, nicht aber der Außenwelt angehörige Thatsachen betrachtet werden, nämlich Wahrnehmungen und Vorstellungen.

§ 100. Dadurch, dass man zu Bewegungen eines Objektes Zustände oder Vorgänge als Ursachen ergänzt, welche man nicht als Zustände oder Vorgänge der Außenwelt, sondern als solche des »Ich« betrachtet, wird der betreffende Körper offenbar aus dem zeitlichen Zusammenhange der Außenwelt, welcher ein Zusammenhang durch Bewegungen, also durch stetige Veränderungen ist, losgelöst. Hat man einmal damit begonnen, den Bewegungen eines Körpers auf Grund der Gleichartigkeit zwischen ihm und dem eigenen Leibe ebenso wie den Bewegungen des letzteren Thatsachen des Bewusstseins als Ursachen unterzuschieben, also seine Bewegungsreihen durch psychische Glieder zu unterbrechen, so wird man zu diesem Verfahren mancherlei Gelegenheit auch weiterhin finden. Betrachtet man dann nämlich z. B. die schon oben erwähnte Flucht von Menschen oder Tieren beim Herannahen einer Gefahr und die auffallende Weise, in der diese Flucht sich von dem ruhigen Verharren anderer Gegenstände unterscheidet, und zugleich die Schwierigkeit, diesen Unterschied, dieses abweichende Verhalten der Menschen und Tiere aus Bewegungsvorgängen der Außenwelt zu erklären.

anderseits die Leichtigkeit, den Bewegungen der dem eigenen Leibe
so ähnlichen fremden Leiber psychische Zustände (Zustände des
eigenen Ich) unterzuschieben, so wird man einsehen, wie nahe letzteres liegen müsste. So gewöhnt man sich dadurch, dass man ihre
Bewegungen als Wirkungen von Bewusstseinsthatsachen ansieht,
allmählich daran, jene anderen dem eigenen Leibe ähnlichen Objekte wie diesen selbst als Träger eines Bewusstseins eines Ich zu
betrachten, also auch als Träger der durch den Begriff des Ich
mitgesetzten empirischen Wirklichkeit*).

In einer solchen Aufstellung irgend welcher Art müssen wir
daher eine Vervielfältigung der Wirklichkeit erblicken, die selbstverständlich nichts anderes als eine metaphysische Hypothese, eine
leere Verknüpfung von Begriffsnamen ist.

Wenn durch das geschilderte Verfahren die Individuen vervielfältigt werden, so erleidet dadurch die Auffassung der Außenwelt
gar keine Veränderung, denn die hypothetischen Wahrnehmungen
und Vorstellungen, die den Bewegungen anderer Objekte als Ursache untergeschoben werden, also die hypothetischen Seelenvorgänge, als deren Träger man dem eigenen Leibe ähnliche dreidimensionale Gebilde betrachtet, werden auf eben jene einzige metaphysische, in drei Raumdimensionen und einer Zeitdimension
ausgedehnte Außenwelt bezogen, als deren Zeichen.

§ 101. Blickte man vom Standpunkte der Psychologie auf diese
Ausdehnung des Individualbegriffes, so müsste man das Verfahren,
das zu derselben geführt hat, entschieden als ein unberechtigtes
betrachten; denn die Weltanschauung der modernen Psychologie
besteht, wie wir am Ende des dritten Kapitels erkannt haben, in der
Annahme eines Parallelismus zwischen psychischen und außerweltlichen Veränderungsreihen, bei welchen es ausgeschlossen ist, dass
die einen Reihen die anderen unterbrechen, dass psychische mit
außerweltlichen Vorgängen in Kausalnexus stehen.

---

*) Man nennt jedes dadurch zu dem ursprünglichen »Ich« hinzukommende
»fremdes Ich« im Gegensatz zum »eigenen Ich«. Diese Beziehung ist aber schon
deshalb bedenklich, weil es schwer zu entscheiden ist, ob der Plural vom Ich die
Form »Ichs« oder »Iche« hat. Auch widerstrebt es, wie mir scheint, seinen
Namen auch anderen zukommen zu lassen, und ich ziehe deshalb vor, statt »fremdes
Ich« überall fremdes Individuum zu setzen.

Die Auffassung, durch welche die Hypothese von der Vielheit der Individuen zustandekommt, besteht nämlich, wie wir gesehen haben, gerade darin, dass man zu Vorgängen der Außenwelt psychische Ursachen hypothetisch hinzufügt, also gerade ein Ineinanderspiel von Bewusstseins- und Außenweltveränderungen zulässt.

Seltsamerweise begeht die moderne Psychologie die Inkonsequenz, die Vielheit der Individuen zuzugeben. Das, was sie hierzu verführt, ist die vollkommene Analogie, die sich immer mehr und mehr zwischen dem eigenen Leibe und den Objekten, welche wir als Leiber fremder Lebewesen ansehen, vor allen Dingen den sogenannten Leibern anderer Menschen herausstellt.

Schon in den ersten Paragraphen dieses Kapitels haben wir, um das Zustandekommen der Theorie von der Vielheit der Individuen begreiflich zu machen, auf eine Reihe derartiger Analogien hingewiesen, aber es waren, wie dies der Zweck fordert, ausschließlich Analogien, welche schon durch verhältnismäßig primitive Beobachtungen festgestellt werden können.

Zu diesen müssen wir jetzt, um darzuthun, wodurch die Psychologie zu ihrer Inkonsequenz verleitet wurde, eine weitere höchst bedeutungsvolle Klasse hinzufügen, nämlich alle jene Verhältnisse, in welchen Begriffssymbole mit den Bewegungen »fremder menschlicher Leiber« kausal verknüpft werden. Obwohl nämlich darin fast ausschließlich Analogien zwischen dem eigenen Leibe und den sogenannten »Leibern anderer Menschen« gefunden werden, so sind sie doch auch für eine weitere Ausdehnung der Analogie von höchster Bedeutung. Denn wie weiter unten demonstriert werden wird, kommt die Ausdehnung der Analogie zum eigenen Leibe auf diesem unähnlicheren Objekte (z. B. die Leiber der Tiere) nicht durch direkte Vergleichung zustande, sondern durch Zwischenglieder.

§ 102. Unter Begriff verstehe ich, wie schon im Vorworte erwähnt wurde, eine Vorstellung, z. B. ein aus Lauten, Innervationsempfindungen oder Schriftzeichen zusammengesetztes anschauliches Ding, welches als Symbol eine andere Thatsache der Wirklichkeit oder eine Mehrheit solcher Thatsachen zusammen repräsentiert. Die repräsentierende Vorstellung, soweit sie keinen Gegenstand repräsentiert, z. B. ein Wort einer mir unverständlichen Sprache. das mir als solches bekannt ist, nenne ich Begriffssymbol.

§ 103. Das eigene Ich ist im Besitze einer großen Zahl von Begriffen. Bestimmte Begriffssymbole repräsentieren bei ihm ganz bestimmte Gegenstände. Die wesentlichsten dieser Symbole sind die Worte der Sprache. Ganz bestimmte Ursachen sind es. welche zum großen Teil den Gebrauch der einzelnen Symbole, d. h. der Begriffszeichen wie auch der Symbolkombinationen, also in erster Linie der Urteile, bewirken. Ein Teil dieser Ursachen gehört dem Gebiete der Wahrnehmungen an. Wenn ich z. B. sage, die Sonne brennt jetzt heiß, so ist die Empfindung der Hitze, als deren Ursache ich die Sonnenstrahlen annehme, ein Teil der Ursache für meine Aussage.

Bei allen symbolischen Begriffs- und Urteilsformen, in deren Ursache Wahrnehmungen als Bestandteile angenommen werden, ist man im stande, wenn sie durch die Bewegungen anderer Objekte als des eigenen Leibes bewirkt werden. festzustellen, ob jene Objekte als Bestandteile der Außenwelt die Bedingungen erfüllen, welchen der eigene Leib sich anbequemen müsste, falls in dem eigenen Ich die betreffenden Wahrnehmungen auftreten sollten.

Nun zeigt sich, dass in der That diese Bedingungen fast immer erfüllt werden. Wenn z. B. ein anderer Mensch irgend etwas aussagt. was er sieht, z. B. einen vorüberfahrenden Wagen, so haben wir auch selbst die Wahrnehmung eines sich bewegenden Wagens und lokalisieren denselben auf Grund dieser Wahrnehmung, sodass eine Wahrnehmung für uns auch zustandekommen müsste. falls unser eigener Leib die Stelle desjenigen Menschen einnähme, welcher ausgesagt hat, dass der Wagen vorbeifahre.

Auch Symbole, deren Gegenstand Vorstellungen bilden, können als Zeichen von Analogien aufgefasst werden, wenn auf Grund der übrigen Analogien bereits angenommen ist, dass jenes Objekt, dessen Bewegungen die Vorstellungssymbole bilden oder verursachen, der Träger eines Bewusstseins, ein Individuum sei. Habe ich nämlich in solchem Falle anzunehmen, dass jenes andere Individuum etwas Bestimmtes gesehen, gehört oder erlebt habe, und richte dann mein Augenmerk darauf, welche Vorstellungen, Vorstellungskomplexe, Ideen jenes Erlebnis in mir erzeugt haben würde, so werde ich eine weitere Analogie zwischen dem anderen Menschen und dem eigenen Ich erblicken müssen, falls jener Worte ausspricht, welche diejenigen

Vorstellungen repräsentieren, welche ich als Ergebnis des gleichen
Erlebnisses für mein eigenes Ich festgestellt habe.

Nimmt man aus all diesen Gründen einmal an, dass die Symbole immer gleiche oder ähnliche Gegenstände bei den verschiedenen
Individuen repräsentieren, so kann man sie natürlich zur Feststellung
einer unbegrenzten Zahl weiterer Analogien benutzen.

§ 104. Diese Bestätigung und Vervollständigung früherer Analogien durch diejenigen, in welchen Begriffssymbole eine Rolle
spielen, ist eine bedeutende Stütze für die Hypothese von der Vielheit der Individuen. Hat man zuerst dadurch für einzelne Menschen
festgestellt, dass sie Individuen sind wie das eigene Ich, so vermehrt man die Anzahl der Individuen dadurch, dass man die Analogie zwischen der Beschaffenheit und dem Verhalten der bereits
als Individuen festgestellten Objekte und anderen Bestandteilen der
Außenwelt feststellt.

Die moderne Psychologie und Physiologie sind durch ihre Methoden im stande, solche Analogien in sehr feiner und vollkommener
Weise festzustellen.

Sie können durch physiologische und analogische Untersuchungen
aufdecken, dass die Reihen, zu welchen bei verschiedenen Individuen
die einzelnen Bewegungen (nämlich die Bewegungen in den Muskeln
und Nerven, im Hirn und Rückenmark sowie aller anderen physikalischen und chemischen Vorgänge) sich zusammenfügen, bei allen
gleichartig oder ähnlich sind, und dass nur an bestimmte Phasen
dieser Bewegung sich bestimmte Vorgänge der empirischen Welt,
gewisse komplizierte Schall- oder Lautverbindungen anschließen,
nämlich an bestimmte Bewegungen der Sprachorgane.

So kann man Übereinstimmungen höheren und niederen Grades
mit dem eigenen Ich unmittelbar aufsuchen, ohne hierbei eine
Grenze für die Vermehrung der Individuen zu finden. Ist einmal
eine bestimmte Verbindung von Analogien als hinreichender Grund
dafür anerkannt worden, ein anderes Objekt zu dem Träger eines
Objektes ebenso wie den eigenen Leib zu machen, und hat man
dann begonnen, wieder andere Bestandteile der Wirklichkeit wegen
ihrer Ähnlichkeit mit den neu konstruierten Individuen ebenfalls
als Bewusstseinsträger gelten zu lassen, also Objekte, die nur eine

8*

geringere Zahl von Analogien zum eigenen Leibe zeigen, zu Individuen zu machen, so ist gar keine feste Grenze mehr für die
Erweiterung des Individualbegriffes aufzustellen. Die Ausdehnung
desselben von Menschen auf Menschen ähnliche höhere Tiere ist
kein größerer Schritt als die Ausdehnung von diesen auf niedrigere
und von diesen stufenweise auf immer niedrigere tierische Lebewesen. Der Übergang von den letzten Lebewesen, welche man
noch als Tiere zu bezeichnen pflegt, also ein Übergang, den man
sich immer zu machen scheut, unterscheidet sich in nichts Wesentlichem von den vorausgehenden; bei der Flüssigkeit der Grenze
zwischen Tier- und Pflanzenreich, bei der Schwierigkeit, die Zoologie und Botanik finden, charakteristische Unterschiede zwischen
niedrigsten Tierarten und ähnlichen Pflanzen anzugeben, erscheint
dieser Übergang sogar als ein besonders leichter. Noch augenfälliger
wird die geringe Schwierigkeit, die er darbietet für den, der beachtet,
dass die Naturwissenschaft neuerdings dazu neigt, Übergangsformen
zwischen Tier und Pflanzen anzunehmen, welche weder dem einen
noch dem anderen Reiche zuzurechnen seien (Spaltpilze, Bak-
terien).

§ 105. Die geschilderte Ausdehnung des Individualbegriffes
hat in mancher Beziehung einen schädlichen und verwirrenden
Einfluss auf Wissenschaften ausgeübt, vor allem auf die Zoologie.
Diese Wissenschaft bildet einen Zweig der Naturwissenschaft, diese
aber haben die gemeinsame und einheitliche Aufgabe, das Geschehen
der Außenwelt, also Bewegungsreihen festzustellen. Ihre Grundlage
ist die in § 90 abgeleitete Überzeugung, dass stetige Veränderungsreihen an keiner Stelle unterbrochen werden können, dass immer
Ursache und Wirkung einer Bewegung ebenfalls Bewegungen sein
müssen. Möglichst abstrakte Regeln der Bewegungen aufzufinden,
ist das gemeinsame Bestreben aller Naturwissenschaften, an welchem
jede in ihrem Gebiete teilnimmt, auch die Zoologie; indem aber
hin und wieder in der zuletztgenannten Wissenschaft als Ursache
einer Bewegung irgend ein psychischer Vorgang angegeben wird, sodass an den betreffenden Stellen die stetige Veränderung unterbrochen
scheint, verstößt sie gegen die allgemein geltende Methode der
Naturwissenschaft, die im übrigen auch als die ihrige zu betrachten ist

§ 106. Während so, wie wir sehen, die Zoologie durch Ausdehnung des Individualbegriffes nur geschädigt und verwirrt wird, ist die Psychologie gar nicht ohne diese denkbar.

In § 92 wurde darauf hingewiesen, dass die Weltanschauung der Psychologie in der Annahme eines Parallelismus zwischen den Veränderungen in der Außenwelt einerseits, im Bewusstsein anderseits besteht, dies wird durch die folgenden Ausführungen deutlich werden.

In dem vorangehenden Kapitel dieses Buches ist aber bewiesen worden, dass ein solcher Parallelismus nichts in der Wirklichkeit Bestehendes ist, sondern dass die Annahme desselben nur eine Konsequenz metaphysischer Ergänzungen der Wirklichkeit bildet. Nähme nun die Psychologie an, dass es keine Individuen außer dem »eigenen Ich« gäbe, so bliebe ihr zur Feststellung psychischer Veränderungsreihen kein anderes Mittel übrig, als die Analyse des eigenen Bewusstseins, welches, wie wir ja wissen, die empirische Wirklichkeit einschließt. Dies aber ist die Methode der Erkenntnistheorie und immanenten Philosophie und führt, wofür das vorliegende Buch ein Beispiel ist, dazu, den Parallelismus, der der Weltanschauung der Psychologie zu Grunde liegt, als Ergebnis metaphysischer Voraussetzungen, also als unwirklich zu bezeichnen. Die Psychologie würde also bei Anwendung dieser Methode sich teilweise mit Erkenntnistheorie und immanenter Philosophie decken, was in Wirklichkeit ist, und sie würde ferner zu einem Resultate gelangen, welches ihre Voraussetzungen für falsch erklärt.

Nur dadurch, dass sie die Vielheit der Individuen annimmt, kann sich daher die Psychologie als selbständige und in sich konsequente Wissenschaft behaupten. Indem sie dies thatsächlich thut, geht sie von der Annahme aus, dass eine Veränderung der Außenwelt, welche einer anderen Veränderung gleicht oder in hohem Grade ähnelt, falls letztere in Begleitung irgend welcher anderen Bewusstseinsvorgänge auftritt, mit den gleichen oder ähnlichen Thatsachen des Bewusstseins verbunden ist. Diese Annahme, vorausgesetzt, dass sie die Aussagen anderer Menschen als etwas den eigenen Aussagen Gleichartiges gelten lassen will und kann, wenn die Aufrichtigkeit solcher Aussagen nicht in Zweifel gezogen wird, muss schließen, dass der Gegenstand, welchen in ihnen die Begriffs-

symbole bezeichnen, der gleiche ist, der durch dieselben Begriffssymbole in den eigenen Aussagen repräsentiert wird. Sie kann
dann weitergehen und aus abweichenden Aussagen auf abweichende
psychische Zustände oder Vorgänge schließen; immer aber bleibt
sie auf »Aussagen anderer Menschen« angewiesen.

Auch der Zweig der modernen Psychologie, welcher den Namen
Psychophysik führt, ist mit der Voraussetzung möglich, dass man
die Worte fremder Menschen in der eben beschriebenen Weise auffasst und dieselben unter dieser Voraussetzung verwertet. Die
Psychophysik im weiteren Sinne will Beziehungen zwischen psychischen Veränderungen und Veränderungen der Außenwelt feststellen.
Solange sie dabei auf dem Standpunkte des Parallelismus verharrt,
kann sie dabei natürlich niemals nach Beziehungen suchen, in
welchen Veränderungen der Außenwelt und psychische Veränderungen kausal verknüpft sind, sondern ihre Nachforschungen müssen
nur darauf gerichtet sein, welche Seelenvorgänge bestimmten Phasen
psychischer (d. i. außerweltlicher) Veränderungen gleichzeitig sind,
resp. welches die psychischen Ursachen oder Wirkungen jener
psychischen Vorgänge sind, die mit gewissen psychischen Vorgängen
zeitlich zusammenfallen.

Wenn es zuweilen scheint, als suchte desungeachtet die Psychophysik nach kausalen Beziehungen zwischen Vorgängen des
Bewusstseins auf der einen, der Außenwelt auf der anderen Seite,
so liegt dies wohl nur auf einer gewissen Nachlässigkeit im Ausdruck. Wenn z. B. als Aufgabe der Psychophysik im engeren
Sinne, nämlich der von Fechner resp. von Weber ins Leben ge-
rufenen Disziplin bezeichnet wird, die Identitätsverhältnisse zwischen
(physikalischem) Reiz und (physischer) Empfindung festzustellen,
z. B. zwischen einem das Ohr treffenden Schall und einer Gehör-
empfindung von bestimmter Stärke, so lässt sich leicht zeigen, dass
es sich auch bei diesen Experimenten nicht um die Feststellung
eines Verhältnisses zwischen Ursache und Wirkung handelt, sondern
stets nur darum, einen psychischen Vorgang mit den seiner Wirkung
regelmäßig gleichzeitig psychischen Vorgängen zu vergleichen; denn
der psychische Vorgang in unserem Beispiele, der Schall, bewirkt eine
psychologische Veränderung in den Nerven und dem Zentralorgan,
und diese fällt mit der Schallempfindung genannter Bewusstseins-

thatsache zeitlich teilweise zusammen. (Hierzu Anmerkung am Schlusse des ganzen Werkes.)

Um solche Beziehungen derart festzustellen, dass sie, unter einer Regel zusammengefasst, durch ein Gesetz ausgedrückt werden können, bedient sich die Psychophysik, die gerade darin ihre Aufgabe erblickt, der Methode, mit einer möglichst großen Anzahl von Individuen die gleichen Experimente vorzunehmen. Bei jedem derartigen Experiment wird dann natürlich der psychische Teil der Beziehung, die Empfindung, durch die Aussage der Versuchsperson, also irgend eines »anderen Menschen«, ausgedrückt.

§ 107. Jetzt, da wir festgestellt haben, dass die moderne Psychologie im allgemeinen und speziell die Psychophysik notwendig der Hypothese von der Vielheit der Individuen als ihrer Voraussetzung bedarf, wird es uns klar werden, dass es für diese Wissenschaft von höchster Bedeutung ist, die Methoden, die Modifikation und Grenzen dieser Ausdehnung zu untersuchen und die Berechtigung derselben in einzelnen Fällen zu prüfen. Eine Berechtigung der Psychologie zeigt uns nun, dass dieselbe sich in der That teilweise bereits mit derartigen Feststellungen beschäftigt. Die Tierpsychologie ist eigentlich im Grunde gar nichts anderes, denn was thut man, wenn man das Seelenleben eines Pudels (des Pudels Kern) oder einer Ameise zu erforschen und zu entwickeln bemüht ist? — Man schließt aus der Übereinstimmung zwischen dem äußeren Verhalten (den Bewegungen) jener Tiere und dem menschlichen Verhalten auf eine Übereinstimmung zwischen den beiderseitigen psychischen Geschehen.

Kann man bei höheren Tieren auf diese Weise eine große Anzahl von Analogien zu menschlichen Seelenleben, zu den Vorgängen im eigenen Bewusstsein aufstellen, so ist dies bei niedrigen Tieren in weit geringerem Maße der Fall; aber auch hier wird die gleiche Methode angewandt. Aus dem Verhalten solcher Lebewesen Licht-, Schall-, Geruchs- oder Temperatureindrücken und Verletzungen gegenüber schließt man auf ihre Gesichts-, Gehör-, Geruchs-, Temperatur- und Schmerzempfindungen.

Man wendet hier in der Psychologie mit Recht jenes Verfahren an, welches, wie im § 105 nachgewiesen ist, aus der Zoologie, die zu den Naturwissenschaften gehört, aufs strengste ausgeschieden werden muss.

§ 108. Diese Methode, die in der Tierpsychologie angewandt wird, die aber bis jetzt noch niemals klar formuliert worden ist, kann, scharf definiert und allgemeiner verwertet, zu einer Reihe wichtiger Resultate führen.

Wenn man diejenigen Vorgänge, von welchen man annimmt, dass in ihnen Veränderungen der hypothetischen Außenwelt mit psychischen Geschehen regelmäßig verbunden seien, als psychophysische Vorgänge (oder Zustände) bezeichnet, so kann man sagen, die Methode, mit der wir uns hier beschäftigen, bestehe darin, dass man nach psychischen Vorgängen sucht, welche dem psychischen Teile bekannter psychophysischer Verhältnisse ähneln. Jeder aufgefundene derartige psychische Thatbestand wird dann als Teil psychophysischer Verhältnisse angesehen, dessen psychischer Teil dem psychischen Teile des bekannten psychophysischen Verhältnisses ebenso entspreche, wie er selber dem psychischen. Aus dem Grade der Ähnlichkeit psychischer Veränderungen irgend welcher Objekte mit denen des menschlichen Leibes wird dann auf die Ähnlichkeit ihres Seelenlebens mit dem der Menschen zu schließen sein.

Ebenso wie man durch dieses Verfahren schließen kann, dass die höheren Tiere ein verhältnismäßig reiches und kompliziertes Vorstellungsvermögen, Gesichts-, Schall- und andere Empfindungen ebenso wie die Menschen, teilweise feiner ausgebildet als jene besitzen, während den niederen Tieren nur ein aus einförmigen Empfindungen bestehendes Bewusstsein zuerkannt werden kann, ein Bewusstsein, das vielleicht auch den Pflanzen zugesprochen werden muss*), so muss diese Methode auch im stande sein, in ihrer Art auf die Frage Antwort zu geben, ob das Bewusstsein ganz oder teilweise mit dem Tode erlischt. Denn um dies zu thun, braucht sie nur in der Absicht, die ihr überall eigentümlich ist, die Veränderungen des lebenden mit denen des toten Organismus zu vergleichen. Von Nutzen würde es für diese Wissenschaft hierbei sein, wenn sie Gelegenheit hätte, gewisse Vorgänge, die bei toten Organismen

---

*) Selbstverständlich wird dies hier nur als vermutliches oder mögliches Resultat ausgesprochen und überhaupt nur gesagt, um das Wesen, die Richtung der von mir gemeinten neuen Wissenschaft anzudeuten.

regelmäßig sind, bei lebendigen sich aber nicht vorzufinden pflegen, auch an letzteren hin und wieder beobachten zu können, wie z. B. gewisse Verletzungen oder Zerstörungen der nervösen Zentralorgane oder der Nerven.

Dass bei alledem die Wissenschaft, deren Grundriss wir hier skizziert haben, eine durchaus hypothetische, metaphysische Wissenschaft bleibt, ist für uns, die wir auf dem Standpunkte der immanenten Philosophie stehen, selbstverständlich.

Kapitel 5.

Subjekt und Objekt.

§ 109. Die Einteilung der Welt in Subjekt und Objekt ist, das haben wir bereits erkannt, keine empirische, sondern eine metaphysische Einteilung derselben. Da sie ihre Entstehung auf die Aussonderung des eigenen Leibes als eines besonderen und unterschiedenen Gebildes aus der Gesamtheit der Dinge zurückführt, so trat sie zuerst als Gegensatz zwischen dem eigenen Ich und der Außenwelt ins Leben, und es ist daher im Beginn das eigene Ich das einzige Subjekt. Dadurch, dass andere Objekte als dem eigenen Leibe gleichartig betrachtet werden, dass man also das Subjekt vervielfältigt, während man als Gesamtheit der Objekte nach wie vor die einzige Außenwelt gelten lässt, wird das Verhältnis zwischen Subjekt und Objekt natürlich auf das Wesentlichste modifiziert.

Die dadurch herbeigeführte Auffassung dieser beiden Begriffe ist als populäre Ansicht und für das praktische Leben endgültig geblieben, nicht so für die Wissenschaft und speziell für die Philosophie. In letzterer ist sie vielmehr nur durch zwei der primitivsten und ungeläutertsten Weltauffassungen vertreten, welche man als einander diametral entgegengesetzte Theorien aufzusuchen pflegt: durch den Spiritualismus und durch den Materialismus.

§ 110. Den Spiritualisten, die man auch als Dualisten be-

zeichnen kann, schien der Begriff Individuum die Verbindung zweier
wesentlich voneinander verschiedener Bestandteile: des Leibes und
des Bewusstseins. Der Leib war für sie wie alle Objekte der
Außenwelt ein Stück materieller Substanz. Das Bewußtsein als
ein ebenfalls zeitlich dauerndes, aber vom Leibe durchaus ver-
schiedenes Wesen galt ihnen dagegen als immaterielle Substanz.
Diese Auffassung hat schon im unwissenschaftlichen und populären Nachdenken ihre Stätte. Der Leichnam eines Menschen ist
schon für die Naturvölker etwas dadurch vom Lebenden Unter-
schiedenes, dass es nur materieller Leib ist, aber keine Seele, d. h.
immaterielle Substanz mehr enthält.

Was bedeutet aber überhaupt der Satz: das Subjekt ist »Substanz«, nämlich Seele, wie das Objekt »Substanz«, nämlich Materie
ist? — Der Begriff der objektiven Substanz kam dadurch zustande,
dass verschiedene Vorstellungen auf ein einziges »Ding der Außenwelt«, auf ein und dasselbe »dreidimensionale Gebilde« bezogen
wurden. Sie bildete also eine außerhalb des empirischen Thatbestandes liegende metaphysische Ergänzung der Wirklichkeit.
Diesem metaphysischen, substanziellen Objekte stand das Subjekt
als Inbegriff der empirischen Wirklichkeit, die Summe aller Wahrnehmungen und Vorstellungen also als etwas durchaus Insub-
stanzielles gegenüber. Der Spiritualismus muss daher, wenn er
das Subjekt zur Substanz macht, aufgehört haben, dasselbe in dieser
Weise aufzufassen. Er muss vielmehr ebenfalls das Subjekt zu
einem rein metaphysischen Begriffe, zu einer bloß hypothetischen
Ergänzung der Wirklichkeit machen, sowie dies bei der Einteilung
der Welt in Subjekt und Objekt letzterem von vornherein geschah. Alle Thatsachen der Wirklichkeit, Wahrnehmungen wie
Vorstellungen, können daher für den Spiritualismus zwar Vorgänge
an einem Subjekte sein, aber nicht dieses Subjekt selbst
oder Teile desselben.

Die Angaben, welche über diese Subjektssubstanz gemacht
werden, unterscheiden sich prinzipiell von denen, welche wir bei
der Analyse des metaphysischen Subjektbegriffes im ersten Kapitel
kennen gelernt haben. Jene nämlich kamen durch Generalisation
von Analogien zur Erfahrung zustande; das, was der Spiritualismus
über die Eigenschaften der »Seele« verrät, besteht ausschließlich in

Aussagen über die Außenwelt im allgemeinen oder den Leib im besonderen, welchem man eine Negation vorsetzt. So wird z. B. gesagt, die Seele sei »unteilbar«, »unausgedehnt«, »unzerstörbar«, »unsterblich«. Alle diese Eigenschaften sucht man gleichzeitig zu bezeichnen, wenn man von der Seele sagt, sie sei immateriell. Während derartige Aussagen, z. B. die Seele ist unsterblich, die Seele ist unsichtbar, schon vom primitiven Menschen gemacht wurden, bleibt es der Philosophie vorbehalten, Ansichten über die Art und Weise aufzustellen, in welcher diese Subjektssubstanz mit der Objektssubstanz, die Seele mit dem Leibe zusammenhinge. Es war dies in den ersten Zeiten der neueren Philosophie ein sehr beliebtes Problem. Bekanntlich lokalisiert Descartes die Seele in der Zirbeldrüse und Malebranche erfand, überzeugt, dass zwei so verschiedene Substanzen wie Leib und Seele einander nicht zu beeinflussen vermöchten. den Begriff der prästabilierten Harmonie. Aus all dem erkennen wir, zu welchen Schwierigkeiten und zu wie seltsamen Gedanken die Annahme einer Subjektssubstanz führt.

§ 111. Der Spiritualismus mit seiner plumpen Auffassung des Subjektes und seiner völligen Unfähigkeit, irgend etwas Positives über die von ihm behauptete Subjektssubstanz auszusagen oder mit Hilfe dieses Begriffes irgend welche Thatsachen methodisch zu ordnen, ist wohl als die historisch wichtigste Ursache für die Entstehung der materialistischen Weltanschauung aufzufassen; besonders die neuere Entwicklung derselben in Frankreich und Deutschland von La Metrie und Hollbach bis auf Büchner ist wesentlich durch die Opposition gegen den in der Religion vertretenen Spiritualismus hervorgerufen und hat nur, weil er eine solche Opposition darstellt. Bedeutung und Einfluss gewonnen.

Der Materialismus ist insofern im Rechte, als er behauptet, die Existenz einer Subjekts- oder Seelensubstanz sei durchaus unerweisbar und die Annahme derselben ein müßiges Hirngespinst; im übrigen jedoch muss er als die von der erkenntnistheoretischen immanenten Betrachtungsweise am weitesten entfernte, zugleich als die unbesonnenste aller Weltanschauungen bezeichnet werden. Er behauptet nämlich nichts Geringeres, als die Nichtexistenz der einzigen wirklichen Thatsachen, also dessen, was die Psychologie mit dem Namen »Vorstellung« bezeichnet, indem sie alles für materielle Vorgänge (Bewegungen von Materieteilen) ausgibt, resp. für durch »Kraft« hervorgerufene Veränderungen des (materiellen) Stoffes.

Die »Materie« wird als etwas Ausgedehntes und zwar als etwas dreidimensional Ausgedehntes bezeichnet; die hypothetische, metaphysische Beschaffenheit dieses Prädikates ist uns bekannt. Um den Begriff Materie zu definieren, muss man jedoch noch ein anderes Merkmal hinzufügen und zwar entweder das der Undurchdringlichkeit oder das der Schwere.

Die Aussage, dass die Materie nicht nur etwas dreidimensional Ausgedehntes, sondern auch undurchdringlich sei, hängt mit der Auffassung derselben als Substanz zusammen. Nimmt man einen beliebigen Raumteil an, welchen ein materielles Ding ausfüllt, so sagt man, es könne in ihn nichts anderes Materielles eintreten, ohne dass die bereits in ihm anwesende Materie oder ein Teil derselben aus ihm verdrängt wird. Dieses Verhalten, welches man als Undurchdringlichkeit bezeichnet, ist aber offenbar notwendig für eine Substanz, von welcher man kein anderes Prädikat aussagt, als dass sie dreidimensional sei; denn nimmt man an, eine andere gleiche Substanz trete in den von ihr okkupierten Raum ein, ohne dass sie ihn verließe, so muss man zugeben, dass dieser Raum oder ein Teil desselben gleichzeitig von zwei Substanzen eingenommen wird, welchen weiter kein Merkmal als das der Dreidimensionalität zukommt. Diese Annahme ist aber widersinnig, denn die beiden Substanzen würden dann nur halbsoviel Raum wie vordem einnehmen, die Hälfte also wäre verlorengegangen.

Während sich so das Merkmal der Undurchdringlichkeit als notwendige Konsequenz der substanziellen Natur des Ausgedehnten offenbart, ist das Merkmal der Schwere nicht notwendig mit diesem Begriffe verknüpft. Um den dreidimensionalen Objekten das Merkmal der Schwere zuzusprechen, bedarf man vielmehr einer Beobachtung gewisser Vorgänge in der wirklichen Ebene und einer metaphysischen Ausbildung derselben auf Grund der Hypothese von der dritten Dimension. Indem man dadurch zu der Überzeugung gelangt, dass dreidimensionale, undurchdringliche, d. h. substantielle Gebilde einander anziehen, resp. einen Druck aufeinander ausüben, falls Anziehung oder Druck nicht durch Anziehung oder Berührung

anderer substantieller Objekte paralysiert werden, gelangt man dazu,
die dreidimensionalen undurchdringlichen Gebilde als schwer zu
bezeichnen. Der Substanzbegriff also wird durch Hinzufügung des
Merkmals der Schwere noch komplizierter als er vorher gewesen;
die Zahl seiner metaphysischen Bestandteile wird vermehrt.

§ 112. Je mehr sich die Erkenntnistheorie entwickelte, je mehr
das Denken in der Richtung der immanenten Philosophie fortschritt,
um so mehr verschwand der Substanzbegriff aus den philosophischen
Welterklärungsversuchen. Wir haben bereits gesehen, wie in der
idealistischen Philosophie dieser Begriff aus der Naturbetrachtung
gänzlich beseitigt ist und dort höchstens die Rolle eines Grenz-
begriffes (Ding an sich) spielt. In analoger Weise verzichtet die der
modernen Psychologie zu Grunde gelegte Weltanschauung darauf,
dem sogenannten psychischen Geschehen eine oder mehrere Substanzen unterzulegen; denn seitdem Herbarth die für die ältere Psychologie
wesentlichen Begriffe der sogenannten Seelenvermögen beseitigte, be-
schränkt man sich im allgemeinen darauf, die abstrakteren psychologischen Begriffe bloß als Zusammenfassungen konkreter Thatsachen
zu betrachten, d. h. man hat aufgehört, Verstand, Urteilskraft, Vernunft etc. als Kräfte oder Vermögen einer substantiellen Seele aufzufassen. Nur in der Einteilung des Psychischen in Vorstellen,
Fühlen und Wollen muss man noch eine Nachwirkung einer derartigen älteren Einteilung erblicken; denn diese Einteilung ist kaum
als eine natürliche und naheliegende Einteilung der Gesamtheit der
psychischen (empirischen, wirklichen) Thatbestände anzusehen. Alles
das, was man als Vorstellen bezeichnet, wurde früher als Äußerung
des Verstandes, der Urteilskraft und der Vernunft angesehen, während
das Fühlen dem Gemüt, das Wollen, die Begehrungen dem Willen
zugerechnet wurden. Obwohl man nun nicht mehr an die verschiedenen Seelenkräfte glaubt, so blieb man doch bei der Meinung stehen,
dass das vormals als Äußerung des Intellektes, d. h. der Gesamtheit
der drei erstgenannten Vermögen Angesehene, ebenso das, was dem
Willen, und das, was dem Gemüte zugerechnet wurde, je eine Gruppe
psychischer Thatsachen bilde, und dass es drei wesentlich verschiedene Arten von Elementen des Seelenlebens gäbe, deren
jede mit einer dieser Gruppen identisch wäre. In Wirklichkeit

aber sind Vorstellungen, Gefühle, Willensakte etc. durchaus nicht
voneinander verschiedene elementare Bestandteile.

§ 113. Die Begriffe Vorstellung und Gefühl zunächst verhalten
sich zu einander wie die Begriffe farbig und rot, d. h. nicht jede
Vorstellung ist zugleich Gefühl, aber jedes Gefühl ist zugleich
Vorstellung. Man hat behauptet, mit jedem Gefühl sei eine Vorstellung unlöslich verbunden, und zwar hat man dies behauptet,
weil man beobachtet hatte, dass z. B. mit gewissen Unlustgefühlen
der Schmerz stets gemeinsam auftritt, dass der Schmerz (die spezi-
fische Empfindung) nicht aufhören kann, ohne dass man auch das
Aufhören des, wie man meint, mit ihm verbundenen Unlustgefühls
konstatieren muss. In der That ist man aber zu dieser Konstatierung nicht deshalb gezwungen, weil Gefühl und Empfindung
zwei unlöslich miteinander verbundene Thatsachen sind, sondern
deshalb, weil man in ihnen überhaupt nur zwei verschiedene Namen
für ein einziges Ding vor sich hat, durch deren jeden es einem
anderen Begriffe untergeordnet wird. Dass dem so ist, lässt sich
nicht beweisen, sondern nur durch Selbstbeobachtung feststellen.
Es wird aber jedem deutlich, der sich einmal bemüht, in irgend
einer Vorstellung, von der er weiß, dass sie stets von einem Gefühle
begleitet ist, Gefühl und Empfindung zu sondern, und der dabei
die Unmöglichkeit einsieht, durch dieses Bemühen zwei in seinem
Bewusstsein getrennte Thatsachen zu erhalten. Es ist kein Beweis
gegen das Gesagte, dass man Gefühl und Empfindung scheinbar
unabhängig voneinander variieren kann. Denn wenn man thatsächlich eine Reihe verschiedener Empfindungen aufzeigt, von
welchen man behauptet, dass sie denselben Gefühlston hätten, so ist
dies nichts als das Resultat einer Abstraktion. Jede dieser Empfindungen gehört unter den Begriff Gefühl und unter den Begriff
Empfindung. Sobald man nun den ganzen Unterschied zwischen
zwei Empfindungen als Empfindungsunterschied bezeichnet, muss
man sie folgerichtig als im Gefühlston übereinstimmend gelten
lassen. Die Unterscheidung zwischen Gefühlston und Empfindungsqualität einer Empfindung entspricht ganz der Unterscheidung
zwischen Qualität und Intensität einer Farbe (Farbenvorstellung).
Auch diese ist nichts als eine begriffliche Sonderung.

Jede Empfindung kann bekanntlich in jede andere dem gleichen

Sinnesgebiete angehörige durch eine Reihe ähnlicher Zwischenglieder übergeleitet werden. Die Farbe Gelb z. B. geht durch Orange in Rot, durch Grün in Blau über (natürlich stets durch sehr viele Zwischenglieder). Ebenso durch Abnahme des Sättigungsgrades in Grau, durch Zunahme der Helligkeit in Weiß. Jede dieser Reihen ist aus anderen Gliedern zusammengesetzt. Außer diesen Reihen aber sind noch unzählige andere möglich, z. B. diejenigen, durch welche ein gesättigtes Gelb in ein nicht gesättigtes Blau übergeleitet würde. Jede dieser Reihen ist wie die erstgenannten aus lauter einfachen und unzerlegbaren Empfindungen zusammengesetzt. Dennoch sagt man von den ersten von uns erwähnten, dass in ihnen sich nur ein Faktor der Empfindung, nämlich entweder die Empfindungsqualität oder die Empfindungsintensität oder der Sättigungsgrad ändere, von den letzteren dagegen, dass mehrere Faktoren in ihnen gleichzeitig variiert würden. Der Grund hierfür liegt offenbar bloß darin, dass man bestimmte Ähnlichkeitsreihen herausgegriffen hat, um sie als Qualitäts-, Intensitäts- oder Sättigungsreihen zu bezeichnen; die Auswahl dieser Reihen geschieht mehr oder minder willkürlich, die Qualitätsreihe der Farbe z. B. im wesentlichen auf Grund des Spektrums. Stellt man nun diese drei abgesonderten Reihen als Koordinaten A B C eines dreidimensionalen Koordinatensystems dar, so sind alle Punkte der übrigen Empfindungsreihen durch Abtragungen auf diesen Koordinaten, also durch Angabe einer bestimmten Qualität, einer bestimmten Intensität und eines bestimmten Sättigungsgrades zu bestimmen. Durch diese Bestimmung wird aber nur festgestellt, welche Punkte, d. h. Empfindungen der Reihen A B C irgend einer beliebigen anderen Empfindung (eben der durch die Koordinaten bestimmten) am ähnlichsten sind. Es wird also dadurch nicht im mindesten gefordert, dass die einzelnen Empfindungen verschiedene im Bewusstsein gesonderte Bestandteile enthalten. Nehmen wir nun noch den sogenannten Gefühlston als Prinzip einer Ähnlichkeitsreihe an, so könnte diese Reihe als vierte Koordinate innerhalb eines vierdimensionalen Koordinatensystems dargestellt und bei der Bestimmung jeder einzelnen Empfindung mitberücksichtigt werden. Selbstverständlich wird auch hierdurch durchaus nicht die Thatsache verändert, dass jede einzelne Empfindung einfach und unzerlegbar ist und je ein schlechthin einfaches

Element des Psychischen oder, wie wir sagen müssen, der Wirklichkeit bildet.

§ 114. Ganz anders als der Begriff »Gefühl« verhalten sich die Begriffe »Wollung«, »Begehrung«, »Willensakt« zu dem Begriffe »Vorstellung«. Denn während wir in »Gefühl« nichts anderes erkannten, als einen Begriff, der zur Anordnung und Einteilung von Vorstellungen benutzt wird, haben wir es in dem, was als »Willensäußerung«, als »Begehrung« bezeichnet wird, stets mit einem Komplex von Vorstellungen und Wahrnehmungen zu thun. Jeder derartige Vorgang, als ein Nebeneinander von Vorstellungen und Wahrnehmungen betrachtet, bildet aber einen Spezialfall, ein Beispiel empirischer Gesetze des Geschehens. Daraus aber ergibt sich, dass die Willensakte im Zusammenhange mit den übrigen Regeln, in denen man die Thatsachen der Wirklichkeit zusammenfassen kann, also bei der systematischen abstrakten Beschreibung der rein empirischen Welt dargestellt werden müssen, dass sie somit in den zweiten Band der immanenten Philosophie gehören. Hier aber wurden sie erwähnt, weil es sich um die Konstatierung der Thatsache handelte, dass die gesamte Wirklichkeit nichts enthält als Wahrnehmungen und Vorstellungen. Denn erst diese Konstatierung setzt uns in den Stand, die Aufgabe des zweiten Buches in prägnanter Form zu bestimmen. Diese Aufgabe besteht nämlich darin: »die Beziehungen, in welchen Wahrnehmungen und Vorstellungen untereinander stehen, durch möglichst abstrakte Gesetze übersichtlich darzustellen.«

Allgemeine Bemerkungen.*)

In der Einleitung wurde als Aufgabe für das erste Buch die Analyse der wichtigsten metaphysischen Begriffe, resp. der in derselben krystallisierten Hypothesen festgesetzt. Um dieser Aufgabe gerecht zu werden, muss man bei den Untersuchungen in jedem einzelnen Falle, der in Betracht kommt, zuerst den Nachweis führen, dass er metaphysische Bestandteile enthält und dieselben aufzeigen. Dann aber muss auch dargelegt werden, auf welche Weise sie auf der Grundlage empirischen Materials entwickelt werden konnten. Das Prinzip, nach welchem der Gang der Untersuchungen geregelt, die Reihenfolge der einzelnen Untersuchungen festgestellt wurde, bestand darin, diejenigen Hypothesen, welche nicht mittelbar, also mit Hilfe anderer Hypothesen, sondern unmittelbar aus dem empirischen Material entwickelt werden können, nach Möglichkeit voranzustellen und erst nachher diejenigen komplizierten zu analysieren, welche nicht nur die Thatsachen der Wirklichkeit, sondern auch die einfacheren metaphysischen Hypothesen voraussetzen.

Es wäre nun aber ein ungeheures Missverständnis, wenn man annähme, die in dem vorliegenden Buche versuchte Ableitung der metaphysischen Hypothesen aus den Thatsachen der Wirklichkeit wolle zeigen, in welcher Weise dieselben in der Entwickelung der Menschheit oder der einzelnen Individuen historisch entstanden seien. Diese Darlegungen sollen nichts beweisen als die Möglichkeit, die verschiedenen metaphysischen Hypothesen, auch die methodisch

---

*) Die »Allgemeinen Bemerkungen« haben eigentlich ihren Platz unmittelbar nach der Einleitung, wo sie durch ein Versehen ausgelassen worden sind.

wertvollsten, thatsächlich aus empirischen Thatsachen abzuleiten, damit man deutlich einsehe, wie dieselben erkenntnistheoretisch unberechtigte Ergänzungen der Wirklichkeit sind.

Die allmähliche geschichtliche Entwickelung derselben muss als eine ungleich kompliziertere und natürlich gänzlich unmethodische und unsystematische betrachtet werden. Um den Unterschied zwischen ihr und der Art und Weise, in der im vorliegenden Buche metaphysische Begriffe abgeleitet werden, an einem Beispiele deutlich zu machen, weise ich darauf hin, dass wahrscheinlich die Hypothese von der Dreidimensionalität des Raumes historisch im engsten inneren Zusammenhange mit der Hypothese von der Eindimensionalität der Zeit und mit dem Substanzbegriffe entstanden ist.

Um die Absicht der Analyse der Metaphysik richtig zu verstehen, ist es notwendig, diesen Unterschied zwischen systematischer und historischer Entwickelung metaphysischer Theorie durchaus zu beachten.

Druck von Breitkopf & Härtel in Leipzig.

An den Leser.

Es ist nicht Sitte, dass ein Schriftsteller wissenschaftliche Publikationen durch Mittheilungen aus seinem Privatleben begleitet. Wenn ich hier von dieser durchaus berechtigten Sitte abweiche, so geschieht dies infolge zwingender Gründe. Die „Immanente Philosophie" ist im Frühjahr 1892 entstanden. Da ich sogleich nach Abschluss des Buches eine lange Reise antreten musste, deren Beginn sich nicht gut aufschieben liess, und da die Verbindung zwischen Deutschland und den halbwilden Gegenden Süd-Amerikas, die ich zuerst besuchte, äusserst mangelhaft ist, so musste ich darauf verzichten, selbst die Correctur zu lesen. Da jedoch das Manuscript durchaus leserlich war, und da ich dasselbe so sorgfältig durchgesehen hatte, dass ich es für nahezu fehlerfrei halten musste, so glaubte ich, wenn die Correctur von einem mir als gewissenhaft empfohlenen Corrector gelesen würde, auf einen fehlerfreien Satz rechnen zu dürfen. Leider habe ich mich jedoch in dieser Annahme gründlich getäuscht, da der betreffende Corrector den gehegten Erwartungen bei weitem nicht entsprochen hat. Denn zu meiner peinlichsten Überraschung fand ich das mir zugesandte Exemplar von Druckfehlern derart entstellt, dass der Eindruck dadurch aufs Schwerste beeinträchtigt und der Sinn zuweilen vollkommen verdunkelt wird. Da es nun nicht mehr möglich ist, die Auflage zurückzuziehen und neu herzustellen, so bleibt mir nichts übrig, als jedem Exemplar diese Erklärung, sowie ein vollständiges Druckfehler-Verzeichniss beilegen zu lassen und den Leser um Nachsicht zu bitten. Ich glaube, dass mir dieselbe von jedem zu Theil werden wird, der durch diese Erklärung die Entstehungsgeschichte dieses Buches kennen gelernt hat.

Dieses Vorkommniss bedauere ich umsomehr, als seitens meines Verlegers von vornherein jegliche Verantwortung für die durch diese Art der Correctur etwa hervorgerufenen Fehler abgelehnt wurde, ihn also dafür keine Schuld trifft, was ich hiermit noch besonders hervorhebe.

Honolulu, im April 1893.

Der Verfasser.

W. S. g. u.

Berichtigungen.

Auf Seite 2, Zeile 13 von oben lies »aus dem Vorhandensein der Bekannten
das Vorhandensein der Unbekannten zu schliessen« statt
»aus dem Vorhandensein der anderen zu schliessen«.

» » 6 » 3 v. o. l. »Lockes« statt »Lookes«.

» » 7 » 2 v. u. ist hinter »bestehen« einzuschalten »können«.

» » 22 » 10 v. o. l. »Leibes« statt »Bildes«.

» » 24 » 2 v. o. l. »sie« statt »sich«.

» » 26 » 20 v. o. ist hinter »der unmittelbare« einzuschalten »oder
mittelbare«.

» » 29 » 9 v. o. ist hinter »dass« einzuschalten »wenn«.

» » 29 » 10 v. o. ist hinter »sind« wegzustreichen »dass«.

» » 29 » 11 v. o. l. »der« statt »dem«.

» » 30 » 7 v. u. l. »Ebenen« statt »Ebene«.

» » 32 » 10 v. o. l. »Lustempfindungen« statt »Luftempfindungen«.

» » 35 » 2 v. o. l. »letzterem« statt »letzteren«.

» » 36 » 14 v. u. l. »des Mondes« statt »der Sinne«.

» » 37 » 8 v. u. l. »sie« statt »sich«.

» » 46 » 9 v. o. l. »ein« statt »im«.

» » 46 » 6 v. u. l. »unausgedehnten« statt »ausgedehnten«.

» » 47 » 4 v. o. l. »gleichzeitig mit Veränderungen« statt »gleichzeitige Veränderungen«.

» » 48 » 1 v. o. l. »Ebenso« statt »Umgekehrt aber«.

» » 48 » 2 v. o. l. »nicht von« statt »von ganz«.

» » 48 » 7 v. u. l. »durch die ihr« statt »durch ihre«.

» » 51 » 5 v. u. l. »einem« statt »einen«.

» » 59 » 5 v. u. ist vor »für betastet« einzufügen »sie«.

» » 60 » 13 v. o. l. »angehöre« statt »angehört«.

» » 60 » 1 v. u. l. »welchen« statt »welchem«.

» » 61 » 6 v. o. ist hinter »Zugehörigkeit« das Komma zu streichen.

» » 61 » 6 v. o. l. »der empirischen Eigenschaften« statt »den«.

» » 64 » 4 v. o. ist »zeitlich« in » « zu setzen.

» » 65 » 4 v. u. ist hinter »zunächst« ein Komma zu setzen.

» » 66 » 1 v. o. l. »festgestellt werden« statt »feststehen«.

» » 67 » 4 v. u. l. »kontradiktorischen Begriffes« statt »Kontradiktorischen«.

» » 69 » 12 v. o. ist hinter »Begriff« einzuschalten »Zeit«.

» » 69 » 8 v. u. l. »die« statt »als«.

Auf Seite 69, Zeile 8 v. u. ist »ausgedehnt« in » « zu setzen.

»   » 71 » 13 v. o. ist hinter »vielmehr« einzuschalten »nur«.

»   » 71 » 16 v. o. ist »Erinnerungsvorstellung« in » « zu setzen.

»   » 73 » 1 v. o. l. »denselben« statt »derselben«.

»   » 75 » 3 v. u. ist hinter »verlegt« einzuschalten »man«.

»   » 75 » 1 v. u. ist hinter »später« einzuschalten »als«.

»   » 78 » 6 v. u. l. »bestimmter« statt »unbestimmter«.

»   » 85 » 3 v. o. l. »entspricht« statt »entsprechen«.

»   » 86 » 3 v. o. l. »desselben« statt »derselben«.

»   » 91 » 4 v. u. ist »voraus« zu streichen.

»   » 93 » 8 v. u. ist das Komma hinter »allem« zu streichen und hinter »Begriff« zu setzen.

»   » 97 » 18 v. o. l. »die ebnen Räume« statt »die Räume«.

»   » 98 » 9 v. o. l. »zeitliche« statt »solche«.

»   » 98 » 2 v. u. ist hinter »Zeit« einzuschalten »nicht«.

»   » 99 » 6 v. u. l. »für« statt »früher«.

»   » 101 » 9 v. o. l. »Willenshandlungen bilden« statt »Willenshandlung bildet«.

»   » 102 » 11 v. u. ist hinter »Denkakte« einzuschalten »bezeichneten«.

»   » 102 » 8 v. u. ist hinter »Wirkungen« einzuschalten »oder Ursachen«.

»   » 103 » 9 v. u. ist hinter »unterbrochen« ein Punkt statt eines Kommas zu setzen.

»   » 103 » 9 v. u. l. »Wenn« statt »wenn«.

»   » 103 » 5 v. u. ist das Komma hinter »zeigt« zu streichen.

»   » 105 » 6 v. o. l. »nur von denjenigen« statt »von denjenigen nur«.

»   » 106 » 20 v. u. ist hinter »Indem« einzuschalten »man«.

»   » 106 » 12 v. u. ist hinter »Welt« ein Komma zu setzen.

»   » 108 » 14 v. u. l. »gleich schneller Bewegung« statt »gleicher, schneller Bewegung«.

»   » 108 » 12 v. u. sind die Worte »als empirische Thatsache« in [ ] zu setzen.

»   » 108 » 7 v. u. l. »begrifflicher« statt »begrifflichen«.

»   » 109 » 15 v. u. sind hinter »Gefahr« und »Menschen« die Kommas zu streichen.

»   » 109 » 12 v. u. l. »es uns daher wahrscheinlich erscheint, dass irgend ein Gegenstand sich auch in anderen Beziehungen« statt »es uns auch wahrscheinlich erscheint, dass. . . . . Beziehungen«.

»   » 110 » 14 v. o. l. »ihrer« statt »ihre«.

»   » 111 » 1 v. o. l. »Gemisch« statt »Geräusch«.

»   » 112 » 4 v. o. l. »musste« statt »müsste«.

»   » 112 » 5 v. u. l. »Bezeichnung« statt »Beziehung«.

»   » 112 » 3 und 2 v. u. sind die Worte »Auch widerstrebt es etc.« bis »zu lassen, und« zu streichen.

»   » 112 » 2 v. u. l. »Ich« statt »ich«.

»   » 114 » 15 v. u. ist hinter »Wahrnehmung« das Komma zu streichen.

»   » 114 » 15 v. u. l. »so, dass« statt »sodass«.

»   » 115 » 18 v. u. l. »anatomische« statt »analogische«.

»   » 115 » 15 v. u. l. »alle« statt »aller«.

Auf Seite 116, Zeile 8 v. o. ist hinter »pflegt« einzuschalten »zu den Pflanzen«.
» » 116 » 15 v. u. l. »Naturwissenschaften« statt »Naturwissenschaft«.
» » 115 » 4 v. u. l. »Subjektes« statt »Objektes«.
» » 117 » 14 v. o. ist hinter »Wirklichkeit« einzuschalten »nicht der Fall«.
» » 118 » 7 v. o. ist hinter »ist« einzuschalten »nur«.
» » 118 » 16 v. o. ist hinter »sein« einzuschalten »festzustellen«.
» » 118 » 17 v. o. l. »physischer« statt psychischer«.
» » 118 » 19 v. o. l. »mit gewissen physischen« statt »psychischen«.
» » 118 » 11 v. u. l. »Intensitätsverhältnisse« statt »Identitätsverhältnisse«.
» » 118 » 10 v. u. l. »(psychischer,« statt »'physischer «.
» » 118 » 4 u. 5 v. u. l. »physischen« statt »psychischen«.
» » 118 » 1 v. u. l. »genannten« statt »genannter«.
» » 119 » 17 v. o. l. »Betrachtung« statt »Berechtigung«.
» » 119 » 12 v. u. l. »dem« statt »den«.
» » 119 » 9 v. u. l. »menschlichem« statt »menschlichen«.
» » 120 » 12, 13, 17 v. o. l. »physischen« statt »psychischen«.
» » 120 » 14 v. o. l. »physische« statt »psychische«.
» » 120 » 2 v. u. ist hinter »Resultat« einzuschalten »der Psychologie«.
» » 122 » 4 v. u. l. »Objektbegriffes« statt »Subjektbegriffes«.
» » 122 » 1 v. u. ist hinter »besteht« einzuschalten »dagegen«.
» » 123 » 8 v. o. l. »blieb« statt »bleibt«.
» » 123 » 13 v. o. l. »Leibniz« statt »Malebranche«.
» » 123 » 1 v. u. l. »er« statt »sie«.
» » 124 » 18 v. u. l. »Substanzmenge« statt »Substanz«.
» » 124 » 5 v. u. l. »Ausdeutung« statt »Ausbildung«.

Druck von Breitkopf & Härtel in Leipzig.